BEI GRIN MACHT SICH IHR WISSEN BEZAHLT

- Wir veröffentlichen Ihre Hausarbeit, Bachelor- und Masterarbeit

- Ihr eigenes eBook und Buch - weltweit in allen wichtigen Shops

- Verdienen Sie an jedem Verkauf

Jetzt bei www.GRIN.com hochladen und kostenlos publizieren

Nicola Ambrosius

Risiken von interkulturellen und antirassistischen Trainings. Wie kann ein Bumerang-Effekt minimiert werden?

Systematisches Literaturreview

GRIN Verlag

GRIN - Your knowledge has value

Der GRIN Verlag publiziert seit 1998 wissenschaftliche Arbeiten von Studenten, Hochschullehrern und anderen Akademikern als eBook und gedrucktes Buch. Die Verlagswebsite www.grin.com ist die ideale Plattform zur Veröffentlichung von Hausarbeiten, Abschlussarbeiten, wissenschaftlichen Aufsätzen, Dissertationen und Fachbüchern.

Besuchen Sie uns im Internet:

http://www.grin.com/

http://www.facebook.com/grincom

http://www.twitter.com/grin_com

FERNUNIVERSITÄT HAGEN

Institut für Psychologie

Lehrgebiet Community Psychologie

Risiken von interkulturellen und antirassistischen Trainings:

Wie kann ein Bumerang-Effekt minimiert werden?

Ein systematisches Literaturreview

im Rahmen der Bachelorarbeit im Studiengang B. Sc. Psychologie

vorgelegt von:

Nicola Ambrosius

eingereicht am: 02.05.2016

Inhaltsverzeichnis

Zusammenfassung 4

1. Einleitung 5

2. Theorie und Forschungsstand 6

   2.1. Definitionen 6

      2.1.1. Definition interkultureller Trainings 6

      2.1.2. Definition antirassistischer Trainings 6

   2.2. Klassifizierung interkultureller und antirassistischer Trainings 7

   2.3. Risiken interkultureller und antirassistischer Trainings 8

      2.3.1. Wahrgenommener Essentialismus und kulturelle Intelligenz 8

      2.3.2. Verstärkung von Stereotypisierung 9

      2.3.3. Verstärkung von Vorurteilen in Abhängigkeit vom Trainings-
         setting 10

         2.3.3.1. Einfluss extrinsischer und intrinsischer Motivation 10

         2.3.3.2. Einfluss von Empathie in Intergruppensituationen 11

      2.3.4. Einfluss positiver und negativer Wahrnehmung kultureller
         Vielfalt 11

      2.3.5. Negative Aspekte in Abhängigkeit von der Eigengruppe 12

      2.3.6. Einfluss des Geschlechts 13

   2.4. Forschungsfragen 13

3. Methode 14

   3.1. Ein- und Ausschlusskriterien für Literatur 14

   3.2. Vorgehen 15

4. Ergebnisse 16

   4.1. Risiken interkultureller und antirassistischer Trainings 16

      4.1.1. Wahrgenommener Essentialismus und kulturelle Intelligenz 16

      4.1.2. Verstärkung von Stereotypisierung 18

4.1.3. Verstärkung von Vorurteilen in Abhängigkeit vom Trainings-
setting 21

4.1.3.1. Einfluss extrinsischer und intrinsischer Motivation 21

4.1.3.2. Einfluss von Empathie in Intergruppensituationen 23

4.1.4. Einfluss positiver und negativer Wahrnehmung kultureller
Vielfalt 24

4.1.5. Negative Aspekte in Abhängigkeit von der Eigengruppe 26

4.1.6. Einfluss des Geschlechts 28

4.2. Psychologische Prozesse in qualitativen Studien 30

5. Diskussion 35

5.1. Wahrgenommener Essentialismus und kulturelle Intelligenz 35

5.2. Verstärkung von Stereotypisierung 36

5.3. Verstärkung von Vorurteilen in Abhängigkeit vom Trainingssetting ...37

5.3.1. Einfluss extrinsischer und intrinsischer Motivation 37

5.3.2. Einfluss von Empathie in Intergruppensituationen 37

5.4. Einfluss von positiver und negativer Wahrnehmung kultureller
Vielfalt 38

5.5. Negative Aspekte in Abhängigkeit von der Eigengruppe 39

5.6. Einfluss des Geschlechts 40

5.7. Psychologische Prozesse in qualitativen Studien 41

5.8. Einschränkungen und Implikationen für zukünftige Forschung 42

6. Literaturverzeichnis 45

7. Pressemitteilung 55

Anhang 57

Zusammenfassung

Interkulturelle und antirassistische Trainings sind dazu konzipiert, Vorurteile, Stereotype und Diskriminierung zu verringern. Obwohl sie meist mit positiven Effekten einhergehen, besteht aber auch die Gefahr, dass die Diskussion dieser sensiblen und emotional beladenen Themen negative Auswirkungen haben kann. Im Gegensatz zu den positiven Auswirkungen solcher Trainings werden die negativen Auswirkungen in der Forschung vielfach vernachlässigt und erst in jüngerer Zeit näher untersucht. Mit der vorliegenden Arbeit wird ein Überblick über den aktuellen Forschungsstand gegeben, indem Ergebnisse von 17 Studien in einem systematischen Literaturreview zusammengefasst und kritisch beleuchtet werden. Es zeigte sich, dass antirassistische und interkulturelle Trainings zum Teil mit einer Verstärkung von Vorurteilen, Stereotypen und wahrgenommenem Essentialismus sowie dem Abbau von einigen Subfacetten kultureller Intelligenz einhergingen. Weiterhin konnte nachgewiesen werden, dass die Auswirkungen von der Art des Trainingssettings abhängig waren. Besonders kontraproduktiv wirkten sich hier die Förderung extrinsischer Motivation und das Erzeugen von Empathie in Intergruppensituationen aus. Des weiteren konnte ermittelt werden, dass die Entstehung negativer Effekte bei Trainings vom Geschlecht der Teilnehmenden abhängig war. Tendenziell zeigten sich bei Frauen weniger negative Auswirkungen als bei Männern; gleichzeitig waren Frauen den Trainings gegenüber aufgeschlossener. Qualitative Studien ergänzen die Ergebnisse, indem sie Einblicke in die verschiedenen Lernphasen und die damit verbundenen kognitiven und affektiven Hindernisse geben, die es zu überwinden gilt, um die z. T. kurzfristigen negativen Auswirkungen langfristig ins Gegenteil umzukehren. Abschließend werden Einschränkungen der vorliegenden Arbeit sowie der untersuchten Studien benannt und mögliche Fragen für weitere Forschungen formuliert.

1. Einleitung

Makrothemen wie Globalisierung, Informationszeitalter und Flexibilisierung der Arbeitswelt (Sennett, 1998) aber auch die jüngsten Entwicklungen in Syrien haben die wirtschaftlichen, gesellschaftlichen und politischen Kontextbedingungen soweit verändert, dass die Anforderungen an Individuen, soziale Gruppen aber auch die Politik hinsichtlich des Aufbaus interkultureller Kompetenzen gestiegen sind. Interkulturelle und antirassistische Trainings sind in einem Zeitalter heterogener Gesellschaften notwendig, um Vorurteile, Stereotype und Diskriminierung abzubauen und somit ein friedliches, tolerantes und gerechtes Zusammenleben zu ermöglichen. Interkulturelle Trainings versuchen daher, über die Vermittlung von Wissen zur Vielfalt menschlicher Kulturen und durch Kontakt zwischen Gruppen ein grundlegendes Verständnis von Andersartigkeit zu erreichen, um damit die Toleranz gegenüber Mitgliedern anderer Ethnien oder anderer kultureller und religiöser Gruppen zu erhöhen (siehe Kapitel 2.1.1.). Antirassistische Trainings haben hingegen zum Ziel, individueller und struktureller Diskriminierung entgegenzuwirken, indem privilegierte Mehrheitsmitglieder über diskriminierende Machtverhältnisse aufgeklärt werden und Minderheitsmitgliedern Wege aufgezeigt werden, ihre Interessen eigenverantwortlich und selbstbestimmt zu vertreten (siehe Kapitel 2.1.2.). Da interkulturelle und antirassistische Trainings sensible und emotional aufgeladene Themen behandeln, sie sogar teils erst ins Bewusstsein der Teilnehmenden rücken, besteht aber auch die Gefahr, dass sie das Gegenteil bewirken. Bei Mitgliedern der Majorität werden durch die Wahrnehmung ungerechtfertigter Eigenprivilegierung möglicherweise Gefühle von Schuld und Scham oder das Bedürfnis nach Rechtfertigung des Verhaltens erzeugt, bei Mitgliedern der Minorität hingegen Wut oder Angst vor eventueller Diskriminierung (Bigler & Wright, 2014). Nach Güttler (2003) werden Vorurteile, Stereotype und Diskriminierung also verstärkt – es tritt eine Einstellungsänderung in entgegengesetzter Richtung als intendiert ein (Bumerang-Effekt). Die Evaluation solcher negativen Auswirkungen wird abgesehen von wenigen Ausnahmen (McGregor, 1993; Stephan & Stephan, 1984) bisher in Wissenschaft und Forschung vernachlässigt (Emmerich & Krell, 1997) und ist daher Thema der Arbeit. Mittels Literaturrecherche wird ein Überblick über den Forschungsstand der letzten Jahre gegeben und es werden insbesondere Vorschläge abgeleitet, wie den o. a. negativen Auswirkungen vorgebeugt werden kann.

2. Theorie und Forschungsstand

Dieses Kapitel umfasst die Definition und Klassifizierung interkultureller und antirassistischer Trainings sowie die Ableitung negativer Auswirkungen von Trainings anhand theoretischer Begründungen.

2.1. Definitionen

2.1.1. Definition interkultureller Trainings

Interkulturellen Trainings liegt die Annahme zu Grunde, dass Konflikte in einer multikulturellen Gesellschaft durch fehlendes Wissen über andere Kulturen und fehlende Erfahrung mit anderen Kulturen entstehen (Atia, 1997). Interkulturelle Interventionen versuchen daher, über Informationen zur Vielfalt menschlicher Kulturen ein grundlegendes Verständnis von Andersartigkeit zu erreichen, um damit die Toleranz gegenüber Mitgliedern anderer Ethnien oder anderer kultureller und religiöser Gruppen zu erhöhen (Beelmann, Heineman, & Saur, 2009). Der Fokus liegt hier also auf den kulturellen Unterschieden verschiedener sozialer Gruppen. Die Betonung kultureller Unterschiede im Rahmen interkultureller Trainings kann verstärkt dazu führen, dass einzelne Personen nicht mehr als Individuen, sondern nur noch als Mitglied einer kulturellen Gruppe wahrgenommen werden und sich nach Buchtel (2014) dementsprechend Vorurteile und Stereotype verstärken können. Es sei darauf hingewiesen, dass der Begriff *Kultur* in dieser Arbeit weit gefasst wurde. Er bezieht sich sowohl auf religiöse oder ethnische Kulturen als auch auf unterschiedliche Kulturen in Unternehmen, so dass Diversity Trainings in diese Kategorie aufgenommen wurden.

2.1.2. Definition antirassistischer Trainings

Im Unterschied zu interkulturellen Trainings wird bei antirassistischen Trainings die Hauptursache für Konflikte zwischen verschiedenen kulturellen, religiösen oder ethnischen Gruppen in diskriminierenden gesellschaftlichen

Verhältnissen und Strukturen gesehen (Attia, 1997). Im Fokus antirassistischer Bildungsarbeit steht die Beziehung zwischen individueller und struktureller Diskriminierung. Es geht dabei sowohl um politische, rechtliche und wirtschaftliche Strukturen als auch um alltägliche Ungleichheitspraktiken (Langthaler 2003). Nach Liebscher und Fritzsche (2010) sind die Zielvorstellungen antirassistischer Trainings die "Sensibilisierung für rassistische Machtverhältnisse, die Vermittlung von Wissen über Erscheinungsformen, Ursachen, Funktionen und Mechanismen von Rassismus, Empowerment von Minderheiten sowie die Stärkung von Handlungskompetenzen und Zivilcourage gegen Rassismus".

2.2. Klassifizierung interkultureller und antirassistischer Trainings

Nach Woltin und Jonas (2009) lassen sich interkulturelle und antirassistische Trainings hinsichtlich ihrer Methode und Kulturspezifität unterteilen (siehe Tabelle 1). Bei der Methodik unterscheidet man zwischen *didaktischen* und *erfahrungsorientierten Methoden*. *Didaktische Methoden* zielen vor allem auf kognitive Lernziele wie z. B. den Abbau von Stereotypen ab und fokussieren sich auf die Vermittlung von Wissen. *Erfahrungsorientierte Methoden* beabsichtigen hingegen vorwiegend affektive und verhaltensbezogene Lernziele. Vorurteile und diskriminierendes Verhalten sollen verringert werden, indem die Teilnehmenden aktiv miteinbezogen werden. Trainings sollten eine Mischung beider Methoden verwenden (Fowler & Blohm, 2004; Woltin & Jonas, 2009), um sowohl kognitive als auch affektive und verhaltensbezogene Lernziele zu erreichen, die gemeinsam zu nachhaltigeren Veränderungen führen.

Die zweite Unterteilung betrifft die Kulturspezifität eines Trainingsprogramms. Es wird zwischen *kulturübergreifenden* und *kulturspezifischen Methoden* unterschieden. Bei *kulturübergreifenden Trainings* steht die Sensibilisierung für kulturelle Unterschiede im Vordergrund ebenso wie ein besseres Verständnis kultureller Basisannahmen durch das Kennenlernen von Kulturmodellen und -dimensionen. Lässt sich der interkulturelle Kontext hingegen auf eine Zielkultur beschränken, stehen *kulturspezifische Methoden* im Vordergrund. Nach Woltin und Jonas (2009) sollte sich die inhaltliche Schwerpunktsetzung nach den Bedürfnissen und der Zusammensetzung der Teilnehmenden richten.

Tabelle 1

Beispiele für Methoden interkultureller Trainings in der Systematisierung nach Kulturspezifität und Methode (Woltin & Jonas, 2009, S. 475)

Fokus/Methode	Didaktisch	Erfahrungsorientiert
Kulturübergreifend	Vorträge Film/Video Bücher culture assimilator Diskussionsrunden Selbsteinschätzungsfragebögen	Simulationen (z. B. Barnga und BaFá BaFá) Modelllernen Verhaltensbeobachtung Kommunikationsübungen (Selbsteinschätzungsfragebögen)
Kulturspezifisch	Vorträge Film/Video Bücher Kulturratgeber culture assimilator Fallstudien Kritische Ereignisse	Rollenspiele (Zielkultur) Kommunikationsübungen Rollenspiele Spezifische Simulationen Feldsimulationen (Selbsteinschätzungsfragebögen)

2.3. Risiken interkultureller und antirassistischer Trainings

In diesem Kapitel werden mögliche Risiken und negative Auswirkungen interkultureller und antirassistischer Trainings theoretisch begründet. Auf dieser Grundlage werden anschließend die Forschungsfragen abgeleitet, die dieser Arbeit zugrunde liegen.

2.3.1. Wahrgenommener Essentialismus und kulturelle Intelligenz

Durch die Vermittlung von kulturellen Unterschieden soll in Trainings u. a. die kulturelle Intelligenz der Teilnehmenden erhöht werden. Kulturelle Intelligenz bezieht sich auf die Fähigkeit eines Individuums, sich in interkulturellen Kontexten kompetent und angemessen zu verhalten (Ang et al., 2007). Dieses multidimensionale Konstrukt umfasst die vier Subfacetten metakognitive, kognitive, motivationale und verhaltensbezogene Intelligenz, welche üblicherweise im Selbstbericht über Items der *Cultural Intelligence Scale* gemessen werden.

Die Vermittlung von kulturellen Unterschieden geht aber auch mit dem Risiko einher, dass Gruppencharakteristika und Gruppengrenzen überhöht werden (Rosenthal & Crisp, 2006). Dies kann dazu führen, dass die einzelne Person nicht mehr als Individuum, sondern nur noch als Mitglied einer kulturellen Gruppe wahrgenommen wird und sich dadurch das essentialistische Denken verstärkt. Essentialistisches Denken bedeutet, dass Menschen essentielle Merkmale zugeordnet werden und diese als stabil, unveränderbar oder biologisch basiert angesehen werden, obgleich sie sozial konstruiert sind (Markus, 2008). Im Zusammenhang mit interkultureller Bildung kann diese Art zu denken mit verstärkter Stereotypisierung und Vorurteilen einhergehen (Gaither et al., 2014).

2.3.2. Verstärkung von Stereotypisierung

Nach Woltin & Jonas (2009) besteht gerade bei kulturspezifischen didaktischen Methoden interkultureller Wissensvermittlung die Gefahr, dass bestehende Stereotype über eine Kultur bestätigt und damit verfestigt werden. Dies ist vor allem dann der Fall, wenn kulturspezifische Traditionen und Verhaltensweisen absolut formuliert werden, wie z. B. "Ostasiaten sind kollektivistischer als Personen des westlichen Kulturkreises" (Matsumoto, Grissom, & Dinnel, 2001).

Wegner (1994) hat eine Theorie entwickelt, welche erklärt, unter welchen Bedingungen der Versuch, Stereotype zu unterdrücken, erfolgreich ist und unter welchen Bedingungen Stereotype verstärkt werden. Werden Personen aufgefordert, Stereotype zu unterdrücken, werden zwei parallele Prozesse initiiert: (1) Es wird ein bewusster, gedanklicher Prozess angestoßen, bestimmte Stereotypen zu unterdrücken (z. B. die Beurteilung eines afroamerikanischen Bewerbers soll nicht mit seiner Hautfarbe in Verbindung stehen). (2) Darüber hinaus wird ein überwachender Prozess angestoßen. In diesem wird ermittelt, inwiefern es gelingt, Stereotype zu unterdrücken: Es wird nach Gedanken gesucht, die signalisieren, dass die mentale Kontrolle nicht gelingt (die Beurteilung des afroamerikanischen Bewerbers steht mit der Hautfarbe in Verbindung). Die einzige Möglichkeit, dieses zu überwachen, besteht darin, dass die Repräsentationen der zu unterdrückenden Stereotype bis zu einem gewissen Grad im Bewusstsein der Person aktiviert sind und diese Repräsentationen immer wieder mit den bewussten Gedanken, Stereotype zu reduzieren, verglichen werden. Der bewusste gedankliche Prozess, Stereotype zu unterdrücken, erfordert höhere kognitive Aufmerksamkeit als der überwachende Prozess und ist daher dominierend. Sofern ausreichend kognitive Kapazitäten vorhanden sind, werden die intendierten Effekte meist erzielt. Sind hingegen nicht genügend kognitive Kapazitäten vorhanden, verdrängt der überwachende Prozess den bewussten Prozess, Stereotype zu unterdrücken. Dies begründet sich darin, dass während des überwachenden Prozess routinemäßig immer wieder die zu unterdrückenden Stereotype aktiviert werden und damit in den Vordergrund gerückt werden, was eine Verstärkung von Stereotypen zur Folge hat.

2.3.3. Verstärkung von Vorurteilen in Abhängigkeit vom Trainingssetting

Im folgenden Abschnitt wird theoretisch begründet, unter welchen Trainingsbedingungen Vorurteile verstärkt werden können.

2.3.3.1. Einfluss extrinsischer und intrinsischer Motivation

Angelehnt an die *Selbstbestimmungstheorie* von Deci und Ryan (1985, 2002) konnte in einigen Forschungsarbeiten (Devine, Plant, Amodio, Hormon-Jones, & Vance, 2002; Legault, Green-Demers, Grant, & Chung, 2007) gezeigt werden, dass die Regulation von Vorurteilen maßgeblich davon abhängig ist, ob diese intrinsisch oder extrinsisch motiviert ist. Personen, die intrinsisch motiviert sind, ihre Vorurteile zu regulieren, tun dies aus persönlichen und selbstgewählten Gründen. Extrinsische Motivation liegt hingegen vor, wenn Personen dazu aufgefordert werden, Vorurteile zu reduzieren. Sie unterdrücken Vorurteile aus externalen Gründen wie z. B. aus Angst vor Ablehnung oder dem Druck, sozialen Normen entsprechen zu müssen. Die *Theorie der Reaktanz* von Brehm und Brehm (1981) legt nahe, dass sich die Vorurteile bei Personen mit extrinsischer Motivation verstärken können, da sie sich in ihrer Freiheit eingeschränkt fühlen, persönliche Gründe zur Vorurteilsreduzierung

zu wählen und sich von anderen kontrolliert fühlen, was somit zu einer Abwehrreaktionen führt, Vorurteile also verstärkt werden.

2.3.3.2. Einfluss von Empathie in Intergruppensituationen

Untersuchungen zeigen, dass das Erzeugen von Empathie für Mitglieder einer
Fremdgruppe außerhalb von Intergruppensituationen mit positiven Effekten
wie der Reduktion von Vorurteilen und verbesserten intergruppalen Beziehun-
gen einhergeht (Dovido et al. 2004), nicht jedoch innerhalb einer Intergruppensituation. Bei dem Versuch, die Welt aus dem Blickwinkel der Mitglieder
einer Fremdgruppe zu sehen, sehen Menschen zunächst sich selbst und fragen
sich, wie Fremdgruppenmitglieder ihr Handeln beurteilen. Dies aktiviert negative Masterstereotype, wie die Fremdgruppe die Eigengruppe betrachtet
(Vorauer, Main, & O'Conell, 1998), und kann zu Abwehrreaktionen führen.
Die intendierten positiven Effekte der Perspektivübernahme werden überlagert
und es tritt ein gegenteiliger Effekt ein.

2.3.4. Einfluss positiver und negativer Wahrnehmung kultureller Vielfalt

Trainings, in denen der Umgang mit kultureller Vielfalt gelehrt werden soll,
zielen darauf ab, ein höheres Bewusstsein, Akzeptanz und Toleranz gegenüber
Menschen anderer Kulturen zu schaffen. Darüber hinaus betonen neuere Forschungsarbeiten die Wichtigkeit, den Teilnehmenden einen realistischeren
Blick auf kulturelle Vielfalt zu vermitteln, indem sowohl positive als auch negative Aspekte von Diversität angesprochen werden. Eine realistischere
Wahrnehmung kultureller Vielfalt führt zu weniger falschen Erwartungen und
damit weniger Konfliktsituationen bzw. einem besseren Umgang damit
(Carell, Mann, & Sigler, 2006; Mannix & Neale, 2005). Andererseits besteht
die Gefahr, dass Teilnehmende aufgrund solcher Maßnahmen zu der Annahme
verleitet werden, dass eine bereits positive, von Diversität geprägte Umgebung
vorliegt, diese Annahme aber nicht an der Realität geprüft wird. Dies kann zu
einer Illusion von Fairness führen. Diskriminierung wird nicht erkannt, was
mit verstärkter Abneigung gegenüber den unterrepräsentierten Gruppen einhergehen kann, da deren Anschuldigungen als ungerechtfertigt angesehen
werden.

2.3.5. Negative Aspekte in Abhängigkeit von der Eigengruppe

Nach Güttler (2003) wurde die *Theorie der sozialen Identität* von Tajfel (1978) und Tajfel und Turner (1979, 1986) als ein theoretisches Rahmenkonzept zur Analyse von Intergruppenverhalten konzipiert und beinhaltet im Wesentlichen vier miteinander in Beziehung stehende Konzepte über psychologische Prozesse, die für die Entstehung von Verhalten zwischen Gruppen verantwortlich sind: *Soziale Kategorisierung, soziale Vergleiche, soziale Identität und soziale Distinktheit.* Über den Prozess der *sozialen Kategorisierung* teilen Individuen ihre Umwelt hinsichtlich verschiedener Merkmalsdimensionen in verschiedene soziale Kategorien ein, um sich in der sozialen Realität zu orientieren und Informationen über die eigene Position innerhalb des sozialen Gefüges zu erhalten. Aus der Zugehörigkeit zu einer bestimmten Gruppe und aus dem Verhältnis dieser zu anderen sozialen Gruppen wird die *soziale Identität* eines Individuums bestimmt, die zusammen mit der personalen Identität zum Selbstkonzept eines Individuums gehört (Dorsch & Wirtz, 2014). Informationen über die Charakteristika dieser sozialen Identität gewinnt die Person über *soziale Vergleiche* zwischen der eigenen und der fremden Gruppe auf verschiedenen Vergleichsdimensionen. Jedes Individuum ist bestrebt, eine positive soziale Identität zu besitzen. Indem man sich von anderen Gruppen abgrenzt, insbesondere Merkmalsdimensionen herausgestellt werden, auf denen die eigene Gruppe der fremden Gruppe überlegen ist, wird eine *positive Distinktheit* erzielt. Antirassistische Trainings bergen die Gefahr, die positive soziale Identität einer Person und der Eigengruppe in Frage zu stellen, indem sie ein Bewusstsein für Rassismus und die ungerechtfertigte Eigenprivilegierung z. B. aufgrund heller Hautfarbe schaffen, was wiederum mit negativen Affekten wie Schuld oder Angst vor anderen ethnischen Gruppen einhergehen kann (Swim & Miller, 1999).

Inwieweit ein erhöhtes Bewusstsein für Eigenprivilegierung und Rassismus sowie damit verbundene negative Affekte positive oder negative Auswirkungen haben, hängt von der wahrgenommenen Bedrohung durch das Kursmaterial und den persönlichen Voraussetzungen der Teilnehmenden, wie z. B die Stärke der Identifikation mit der Eigengruppe, ab. Nach Bowman (2009) kann ein erhöhtes Bewusstsein für die ungerechtfertigte Eigenprivilegierung und die verstärkte Wahrnehmung von Rassismus zum einen dazu führen, dass das für kognitives Wachstum erforderliche Ungleichgewicht zwischen ursprünglichen Überzeugungen und neuen Informationen zu einer lernförderlichen Explorationsperspektive führt und darin mündet, dass sich Teilnehmende z. B. verstärkt gegen Rassismus einsetzen. Zum anderen kann es bei sozial privilegierten Personen zu einer lernhinderlichen Widerstands-Perspektive kommen, nach der wahrgenommene Bedrohung durch das Kursmaterial zu Abwehrmechanismen wie Verleugnung oder verringerter Unvoreingenommenheit führen. In Folge dessen wird das für kognitives Wachstum erforderliche Ungleichgewicht verhindert und Vorurteile können sogar verstärkt werden.

2.3.6. Einfluss des Geschlechts

Verschiedene Forschungsarbeiten zeigen, dass es Unterschiede zwischen Männern und Frauen in ihren Einstellungen zu kultureller Vielfalt und in ihrem Verhalten in interkulturellen Situationen gibt. Es zeigt sich, dass Frauen positivere Einstellungen zu kultureller Vielfalt und individuellen Unterschieden zeigen als Männer (Strauss & Connerly, 2003; Thompson, 2000). Diese Befunde sind nicht überraschend, da Frauen in der Gesellschaft, der Politik aber auch im Berufsleben diskriminiert wurden und werden. Gemäß der *sozialen Identitätstheorie* (Tajfel, 1978; Tajfel & Turner, 1979, 1986) führt dies dazu, dass sich Frauen aufgeschlossener und toleranter gegenüber Mitgliedern anderer kultureller Gruppen und Minderheiten verhalten.

2.4. Forschungsfragen

Da dies eine explorative Literaturarbeit ist, die den neuesten Forschungstand erfassen soll, werden keine Hypothesen, sondern nur Forschungsfragen aufgestellt.

Hauptfragestellung: Welche Risiken gehen mit interkulturellen und antirassistischen Trainings einher?

1. Fördern Trainings den wahrgenommenen Essentialismus und verhindern so den Aufbau kultureller Intelligenz?

2. Unter welchen Bedingungen können Trainings zu einer Verstärkung von Stereotypen führen?

3. Führen Trainings zu einer Verstärkung von Vorurteilen?
4. Welche Einfluss hat die Wahrnehmung kultureller Vielfalt?
5. Gibt es Unterschiede in den Auswirkungen in Abhängigkeit von der Eigengruppe?
6. Unterscheiden sich die Auswirkungen von Trainings in Abhängigkeit vom Geschlecht?
7. Welche kognitiven und affektiven Hindernisse müssen in einem Training überwunden werden?
8. Was sind die Fragen und Empfehlungen, die aus der Literaturarbeit hervorgehen?

3. Methode

Da diese Abschlussarbeit als ein systematisches Literaturreview der aktuellen empirischen Forschungsliteratur konzipiert ist, sollen in diesem Abschnitt die Ein- und Ausschlusskriterien für die Auswahl der Studien sowie die methodische Vorgehensweise dargestellt werden.

3.1. Ein- und Ausschlusskriterien für Literatur

Es wurden zunächst vier Einschlusskriterien für die Verwendung von Studien festgelegt. (1) Die Studien müssen ein Peer-Review durchlaufen haben, um die wissenschaftliche Qualität der Studien sicher zu stellen. (2) Es wurden lediglich empirische Studien untersucht. (3) Entsprechend den Sprachkenntnissen der Autorin wurden nur Studien in deutscher oder englischer Sprache aufgenommen. (4) Es wurden nur Studien einbezogen, die zur Beantwortung der Forschungsfragen beitragen konnten. Ein Ausschluss aufgrund des Alters der Studien konnte nicht erfolgen, da es sich bei der Erforschung von Risiken interkultureller und antirassistischer Trainings um ein junges, weitgehend vernachlässigtes Forschungsfeld in der Psychologie handelt.

3.2. Vorgehen

Die Ermittlung der in Betracht zu ziehenden Forschungsliteratur erfolgte per systematischer Literaturrecherche über die Datenbankoberfläche EBSCOhost in den Datenbanken PsychARTICLES, Psychology and Behavioral Science, PsycInfo und PSYNDEX. Die Recherche wurde zu verschiedenen Zeitpunkten von Dezember 2015 bis April 2016 durchgeführt und lief in unterschiedlichen Schritten ab: Im ersten Schritt erfolgte die Kombination der Suchbegriffe *intercultural training, multicultural training, cross-cultural sensivitiy training, cross-cultural orientation program, cultural communication training, diversity training, race-relations training, race awareness* oder *anti-racism-training* mit den Begriffen *intervention, training, class* oder *program* sowie den Begriffen *backlash, negative, ironic effect, rebound, paradox, risk* und *evaluation*. Es sei darauf hingewiesen, dass sämtliche der genannten Begriffskombinationen mehrfach gesucht wurden, jeweils unter Berücksichtigung unterschiedlicher Suchoptionen wie Boolescher Operatoren und in unterschiedlicher Anordnung der Begriffe. So erfolgte die Suchkombination *intercultural* AND *training* OR *intervention* OR *class* OR *program* AND negative z. B. erst in Form einer Schlagwortsuche für sämtliche Begriffe. In einem anderen Durchgang wurden dann nur die ersten Begriffe innerhalb der Schlagwörter gesucht, während letzterer nur im gesamten Text vorkommen sollte usw. Im nächsten Schritt wurden folgende, in bereits als relevant eingestuften Artikeln erscheinende, jedoch zuvor unberücksichtigte Schlagwörter identifiziert: *multiculturism, color blindness, stereotype threat, discrimination, prejudice (reduction) and impact* und *white guilt feelings*. Als letzter Schritt der Recherche erfolgte eine Durchsicht der Literaturverzeichnisse der ausgewählten Artikel. Titel von Publikationen, die eine hohe Themenrelevanz indizierten, wurden zusätzlich recherchiert und gegebenenfalls mit einbezogen.

Darüber hinaus wurden Autoren, die während der Literatursuche vermehrt auffielen, wie Prof. Dr. Pieterse von der Universität New York und Prof. Dr. Zick von der Universität Bielefeld, persönlich angeschrieben. Beide bestätigten, dass die Quellenlage zu diesem Thema sehr dünn ist. Daher wurde die Restriktion, ausschließlich quantitative Studien zu verwenden, aufgegeben und es wurden auch qualitative Studien mit einbezogen. Dies jedoch nicht nur infolge der schlechten Quellenlage, sondern weil qualitative Studien aufgrund ihrer inhaltlichen Orientierung besondere Möglichkeiten bieten, innerpsychische Prozesse besser nachvollziehen und bewerten zu können. Ferner wurden empirische Studien aufgenommen, in denen zwar keine Trainings durchgeführt wurden, die aber Aufschluss darüber geben, was bei der Gestaltung von Trainings beachtet werden sollte, um negative Auswirkungen zu vermeiden. Eine tabellarische Übersicht aller einbezogenen Studien findet sich im Anhang.

Ausgehend von der geschilderten Suchmethodik erfolgte eine Auswahl von 17 Forschungsartikeln, die in dieses Review einflossen und im nachfolgenden Abschnitt vorgestellt werden.

4. Ergebnisse

In diesem Teil der Arbeit werden für jede untersuchte Studie der Aufbau, das Design, die Stichprobe, die verwendeten Messinstrumente sowie die Risiken und negativen Auswirkungen interkultureller und antirassistischer Trainings dargestellt.

4.1. Risiken interkultureller und antirassistischer Trainings

Unter Bezug auf die eingangs formulierten Forschungsfragen wird nachfolgend jeder negativen Auswirkung interkultureller und antirassistischer Trainings ein eigener Unterabschnitt gewidmet.

4.1.1. Wahrgenommener Essentialismus und kulturelle Intelligenz

Zwei der gesichteten Studien (Buchtel, 2014; Fischer, 2011) untersuchten die Auswirkungen interkultureller Trainings auf das essentialistische Denken und die kulturelle Intelligenz der Teilnehmenden.

In der Studie von Fischer (2011) mit 49 neuseeländischen Studierenden verschiedener ethnischer Herkunft wurden die Trainingseffekte eines interkulturellen Trainings auf das essentialistische Denken und die kulturelle Intelligenz mit Hilfe eines Prä-Posttest-Designs und zwei Messzeitpunkten ermittelt. Das sechswöchige Training bestand aus Unterrichtsstunden, dem Simulationsspiel BAFA BAFA (Shirts, 1977) und dem Verhaltensmodifikationstraining Excell (Mak, Barker, Logan, & Millman, 1999) und bediente sich somit sowohl didaktischer als auch erfahrungsbasierter Methoden; die Inhalte waren kulturübergreifend. Vor dem Training wurde anhand von elf Items auf einer 7-stufigen Likertskala (1 = trifft gar nicht zu, 7 = trifft in hohem Maße zu) mit der Kurzform des *Fragenbogen zur kulturellen Intelligenz* von Ang et al. (2007) die kulturelle Intelligenz der Teilnehmenden gemessen. Es wurde hierbei zwischen den Subskalen metakognitive, kognitive, motivationale und verhaltensbezogene Intelligenz unterschieden. Die Messung essentialistischen Denkens erfolgte mit Hilfe von elf selbst entwickelten Items auf einer 7-stufigen Likertskala (1 = trifft gar nicht zu, 7 = trifft in hohem Maße zu), angelehnt an die *Skalen rassistischen Essentialismus* von Chao, Chen, Roisman und Hong (2007). Eine Messung fand zu Beginn (MZP1) und nach Abschluss (MZP2) des Trainings statt. Gemäß der Hypothese stieg der Wert für essentialistisches Denken zwischen Prä- und Posttest (MZP1: $M = 4.69$, $SD = 0.66$; MZP2: $M = 4.89$, $SD = .67$) und wurde mittels Varianzanalyse bestätigt: $F(1,49) = 4.34$, $p < .05$, $\eta^2 = 0.86$. Die Hypothese, dass die vier Subskalen kultureller Intelligenz zunehmen, konnte nicht bestätigt werden. Vielmehr konnte entgegen der Annahmen nachgewiesen werden, dass die kognitive Intelligenz signifikant abnahm (MZP1: $M = 3.85$, $SD = 1.30$; MZP2: $M = 3.45$, $SD = 1.23$; $F(1,49) = 4.76$, $p < .05$, $\eta^2 = 0.94$). Des Weiteren zeigte sich eine Abnahme der metakognitiven Intelligenz am Ende des Trainings (MZP1: $M = 4.82$, $SD = 1.35$; MZP2: $M = 4.72$, $SD = 1.11$). Hier ergab sich allerding ein nur nahezu signifikanter Effekt: $F(1,49) = 3.50$, $p = .068$, $\eta^2 = .71$. Die Untersuchung ergab keine signifikanten Effekte in Bezug auf die motivationale und verhaltensbezogene Intelligenz (F < 1).

Buchtel (2014) führte eine ähnliche Studie mit 54 nordamerikanischen Studierenden verschiedener ethnischer Herkunft durch. Sie untersuchte ebenfalls, ob interkulturelle Trainings kulturelle Sensibilität oder aber stereotypes, rigides Denken fördern. Hierzu wurde ein 12-wöchiges didaktisches und kulturspezifisches (ostasiatischer und westlicher Kulturkreis) Training durchgeführt. Bei dieser Studie handelt es sich um ein Prä-Posttest-Design mit zwei Messzeitpunkten und einer Kontrollgruppe. Zu Beginn und am Ende der Intervention wurden die Variablen kulturelle Intelligenz und essentialistisches Denken erhoben. Wie bei Fischer (2011) wurde kulturelle Intelligenz anhand o. g. Subskalen (Ang et al., 2007) erfasst. Essentialistisches Denken wurde mit Hilfe von drei Items der *Implicit Person Theory* (Dweck, Chiu, & Hong, 1995) und vier Items der *Implicit Theory Scale* (in Anlehnung an die *Implicit Person Theory*) ermittelt. Im Gegensatz zu Fischer (2011) führte das Training nicht zu einer Zunahme essentialistischen Denkens, aber zu einem Anstieg der metakognitiven Intelligenz: $F(1, 51) = 4.65$, $p = .018$.

4.1.2. Verstärkung von Stereotypisierung

Drei der gesichteten Studien (Buchtel, 2014; Kulik, Perry, & Bourhis, 2000; Macrae, Bodenhausen, Milne, & Jetten, 1994) zeigten, das interkulturelle Maßnahmen mit einer Verstärkung von Stereotypen einhergingen.

Buchtel (2014) untersuchte die Auswirkungen eines interkulturellen Trainings auf die Verstärkung von Stereotypen (siehe 4.1.1.). Verstärkung von Stereotypisierung wurde erhoben, indem den Teilnehmenden jeweils acht Stereotype für Menschen aus dem ostasiatischen und acht Stereotype für Menschen aus dem westlichen Kulturkreis präsentiert wurden. Zu Beginn und am Ende des Kurses sollten die Teilnehmenden auf einer 5-stufigen Likertskala einschätzen (1 = trifft gar nicht zu, 5 = trifft in hohem Maße zu), in welchem Maße sie den 16 Stereotypen zustimmen. Die stereotypen Eigenschaften entsprachen den allgemeinen Stereotypen von Studierenden, die in der Literatur (z. B. Wolsko, Park, Judd, & Wittenbrink, 2000) und in Diskussionen mit Studierenden ermittelt wurden. In einer Post-Messung wurden die Studierenden gefragt, ob diese Eigenschaften explizit im Training gelehrt wurden, welches mit "Ja" oder "Nein" beantwortet werden konnte. Studierende der Experimentalgruppe Trainings zeigten im Vergleich zur Kontrollgruppe verstärkte Stereotypisierung ($F(1, 51) = 12.35$, $p < .001$), unabhängig davon, ob diese neutral, positiv ($F(1, 51) = 9.21$, $p = .002$) oder negativ ($F(1,51) = 9.23$, $p = .002$) bewertet wurden und unabhängig davon, ob sie als Bestandteil der Lehrinhalte angegeben wurden ($F(1, 51) = 6.05$, $p = .009$) oder nicht ($F(1, 51) = 12.72$, $p < .001$).

Ziel der Studie von Kulik et al. (2000) war es, zu zeigen, dass die Aufforderung, Stereotype zu unterdrücken, für Personen mit hoher kognitiver Belastung nicht wie intendiert zu einer Reduzierung eben dieser Stereotype führt, sondern genau das Gegenteil bewirkt − Stereotype werden verstärkt. 116 Studierende wurden randomisiert drei verschiedenen Bedingungen eines Diversity-Trainings zugeteilt. Die Teilnehmenden sahen zu Beginn des Trainings ein Bewerbungsvideo von drei unterschiedlichen Bewerbern (Bewerber mittleren Alters mit geringer Qualifikation versus Bewerber mittleren Alters mit hoher Qualifikation versus ältere Bewerber mit mittlerer Qualifikation). In zwei der drei Videos wurden die Teilnehmenden aufgefordert, entweder stereotype Vorstellungen über ältere Berufstätige ($N = 39$) oder stereotype Vorstellungen zu den demographischen Faktoren Alter, Geschlecht und Ethnie ($N = 37$) bewusst zu unterdrücken. Das dritte Video der Kontrollgruppe ($N = 40$) enthielt keinerlei Aufforderung in diese Richtung.

Darüber hinaus wurde die kognitive Beschäftigung der Teilnehmenden manipuliert. Die Hälfte der Teilnehmenden ($N = 58$) wurde einer hohen kognitiven Belastung ausgesetzt. Es wurde ihnen mitgeteilt, dass am Ende des Experiments ebenfalls ein Bewerbungsvideo von ihnen gemacht wird und sie daher während der Betrachtung des Videos überlegen sollten, wie sie selbst antworten würden. Die anderen 58 Teilnehmenden wurden keiner kognitiven Belastung ausgesetzt.

Abschließend bewerteten die Teilnehmenden auf einer 7-stufigen Likertskala die drei Bewerber anhand von fünf Dimensionen (1 = sehr negative Bewertung, 7 = sehr positive Bewertung). Die Auswertung der Antworten zeigte, dass die Teilnehmenden, die kognitiv belastet waren und ihre Gedanken über das Alter unterdrücken sollten, ältere Bewerber am schlechtesten bewerteten ($M = 3.14$, $SD = 0.89$, $p < .001$). Nur in dieser Bedingung war die Bewertung älterer Bewerber mit Stereotypen über ältere Beschäftigte assoziiert ($\beta = -0.50$, $p < .001$). In den anderen Bedingungen konnte dieser Effekt nicht beobachtet werden.

Auch Macrae et al. (1994) untersuchten, mit welchen Auswirkungen die Aufforderung, Stereotype zu unterdrücken, einhergeht. 48 Studierende verschiedener ethnischer Herkunft wurden hierzu randomisiert einer Experimentalgruppe und einer Kontrollgruppe zugeordnet. Im ersten Teil des Experiments wurde beiden Gruppen das Foto eines männlichen Skinheads gezeigt. Anschließend sollten die Teilnehmenden beschreiben, wie sie sich den typischen Tagesverlauf der gezeigten Person vorstellen, wobei die Experimentalgruppe die Anweisung erhielt, Stereotype zu unterdrücken. Die Kontrollgruppe erhielt keinerlei weitere Instruktionen. Im zweiten Teil des Experiments wurde beiden Gruppen das Bild eines anderen männlichen Skinheads präsentiert, dessen vermuteten typischen Tagesverlauf sie ebenfalls schriftlich festhalten sollten. Keine der Gruppen wurde hierbei aufgefordert, Stereotype zu unterdrücken. Zwei unabhängige Versuchsleiter/-innen werteten die Texte hinsichtlich des Ausmaßes stereotypen Inhalts aus. Hierzu wurde eine 9-stufige Skala (1 = keine stereotypen Inhalte, 9 = sehr starke stereotype Inhalte) verwendet.

Die Ratings der Versuchsleiter/-innen wurden mittels einem 2 (Handlungsanweisung: Experimental- oder Kontrollgruppe) x 2 (Konstruktion: 1. Teil oder 2. Teil) Design mit Messwiederholung auf dem zweiten Faktor analysiert. Es ergab sich ein Haupteffekt für die Konstruktion ($F(1, 22) = 17.81$, $p < .0004$). Dieser Effekt wurde aber durch eine signifikante Interaktion zwischen Handlungsanweisung und Konstruktion eingeschränkt ($F(1, 22) = 14.31$, $p < .001$). Simple effects Analysen bestätigten einen Effekt für die Handlungsanweisung auf die stereotypen Inhalte für jeden der beiden Teile (Teil 1: $F(1, 41) = 15.33, p < .0001$; Teil 2: $F(1, 41) = 4.29, p < .05$).

Personen, die die Anweisung erhielten, Stereotype zu unterdrücken, zeigten im ersten Teil des Experiments geringere Stereotypisierung ($M = 5.54$) als die Teilnehmenden der Kontrollgruppe ($M = 6.95$). Im zweiten Teil des Experiments stellte sich ein umgekehrtes Muster heraus: Personen der Experimentalgruppe zeigten höhere Stereotypisierung ($M = 7.83$) als Teilnehmende der Kontrollgruppe ($M = 7.08$). Die Analyse ergab außerdem einen Effekt der Konstruktion für Teilnehmende, die die Instruktion erhielten, Stereotype zu unterdrücken ($F(1, 22) = 32.02, p < .0001$). Sie wiesen im zweiten Teil, in der die Anweisung, Stereotype zu unterdrücken, aufgehoben wurde, höhere Werte als in Teil eins auf.

4.1.3. Verstärkung von Vorurteilen in Abhängigkeit vom Trainingssetting

Die Studien von Hennings, Hilbert, Thomas, Siegfried und Rief (2007), Legault, Gutsell und Inzlicht (2011) sowie Vorauer und Sasaki (2009) zeigen, dass Trainings zur Reduzierung von Vorurteilen in Abhängigkeit vom Trainingssetting zu einer Verstärkung von Vorurteilen führten.

4.1.3.1. Einfluss extrinsischer und intrinsischer Motivation

In ihrer Studie untersuchen Legault et al. (2011) anhand von zwei Experimenten die Effekte motivationsorientierer Interventionen, die der Vorurteilsreduzierung gegenüber afroamerikanischen Personen dienen sollten. Angelehnt an die *Selbstbestimmungstheorie* von Deci und Ryan (1985, 2002) wurde der Einfluss autonomer, intrinsischer versus kontrollierter, extrinsischer Motivation auf die Reduzierung von Vorurteilen untersucht. Hierzu wurde mit 103 Studierenden angloamerikanischer Herkunft ein Experiment durchgeführt, indem die Teilnehmenden in einer von drei Broschüren detailliierte Informationen über das Ziel der Vorurteilsreduzierung erhielten. Die Studierenden wurden randomisiert einer der drei Bedingungen zugeteilt: Kontrollgruppe, Gruppe mit der Broschüre "intrinsische Motivation" und der Gruppe mit der Broschüre "extrinsische Motivation". In der Bedingung "intrinsische Motivation" wurden die Teilnehmenden ermutigt, Vorurteile zu reduzieren, indem betont wurde, dass dies ihre freie Entscheidung sei und erklärt wurde, warum Vorurteilsreduzierung wichtig und erstrebenswert sei. In der Bedingung "extrinsische Motivation" wurden die Teilnehmenden hingegen aufgefordert, ihre Vorurteile zu reduzieren und soziale Normen vorurteilsfreien Verhaltens einzuhalten. Die Teilnehmenden der Kontrollgruppe erhielten nur einleitende Informationen über die Definition von Vorurteilen. Anschließend wurden mit der *24-item Motivation to Be Nonprejudiced Skala* (Legault et al., 2007), die Items zu intrinsischer und extrinsischer Motivation enthält, die Gründe zur Vorurteilsreduzierung erfasst, um eine erfolgreiche Manipulation sicher zu stellen. Zur Messung von Vorurteilen wurde die *Symbolic Racism 2000 Scale* von Henry und Sears (2002) verwendet. Wie von den Autoren vorhergesagt, zeigten Teilnehmende der Bedingung "intrinsische Motivation" geringere Vorurteile als Teilnehmende der Kontrollgruppe ($F(1, 66) = 14.49$, $p < .001$, $\eta^2 = .18$). Teilnehmende der Bedingung "extrinsische Motivation" wiesen hingegen stärkere Vorurteile auf als Teilnehmende der Kontrollgruppe ($F(1, 66) = 4.34$, $p < .04$, $\eta^2 = .07$).

Die Autoren führten ein weiteres Experiment durch, indem die Motivation, Vorurteile zu reduzieren, durch Priming manipuliert wurde. In diesem Experiment wurden explizite aber auch implizite Vorurteile gemessen. 109 anglo-amerikanische Studierende wurden randomisiert einer der drei folgenden Bedingungen zugeordnet: Priming der intrinsischen Motivation, Priming der extrinsischen Motivation und kein Priming bei der Kontrollgruppe. Das Priming erfolgte mittels eines Fragebogens adaptiert von Burton, Lydon, D'Allessandro und Koestner (2006). Hierzu erhielten die Studierenden acht Aussagen, die entweder die intrinsische oder extrinsische Motivation, Vorurteile zu reduzieren, ansprechen sollten. Zuerst gaben die Teilnehmenden an, ob sie den Aussagen zustimmen oder diese ablehnen. Anschließend wurden die Studierenden aufgefordert, drei Sätze zur Zielsetzung ihrer Motivation zu verfassen. In der Bedingung "intrinsische Motivation" sollte beschrieben werden, warum vorurteilsfreies Verhalten wichtig ist und das persönliche Wohlbefinden steigert. In der Bedingung "extrinsische Motivation" sollte dargelegt werden, warum es verpflichtend und sozial erwünscht ist, sich vorurteilsfrei zu verhalten. Auch in diesem Experiment wurde mit der *24-item Motivation to Be Nonprejudiced Skala* (Legault et al., 2007) sichergestellt, dass die Manipulation erfolgreich war. Explizite Vorurteile wurden mit der *Symbolic Racism 2000 Scale* von Henry und Sears (2002) erfasst, implizite mit dem *Race IAT* von Greenwald, McGhee und Schwartz (1998). Hierbei wurden rassistische Vorurteile anhand der Reaktionszeit gemessen, welche die Stärke der Assoziation zwischen weißen und farbigen Menschen auf der einen Seite und positiven und negativen Attributen auf der anderen Seite ermittelt. Auch in diesem Experiment stellte sich heraus, das Teilnehmende der Bedingung "intrinsische Motivation" geringere Werte für explizite und implizite Vorurteile aufwiesen als diejenigen der Kontrollgruppe ($F(1, 70) = 5.86$, $p < .05$, $\eta^2 = .09$). Im Gegensatz dazu zeigten die Teilnehmenden der Bedingung "extrinsische Motivation" höhere Werte für explizite und implizite Vorurteile als diejenigen in der Kontrollgruppe ($F(1, 70) = 4.18$, $p < .05$, $\eta^2 = .06$).

4.1.3.2. Einfluss von Empathie in Intergruppensituationen

In ihrer Studie testeten Vorauer und Sasaki (2009) die Hypothese, ob das Erzeugen von Empathie für Mitglieder einer Fremdgruppe in einer Intergruppensituation durch die Aktivierung von negativen Masterstereotypen nicht zu der
gewünschten Reduzierung von Vorurteilen führt. Gleiches nahmen sie für eine
Intragruppensituation mit objektiver Sicht auf Teilnehmende der Fremdgruppe
an. Umgekehrt gingen sie davon aus, dass das Erzeugen von Empathie in
Intragruppensituationen Vorurteile reduziert. Dies galt auch für Intergruppensituationen, in denen die Teilnehmenden aufgefordert wurden, die Fremdgruppe objektiv zu betrachten.

In einem 2 x 2 Design wurde die Art der Situation (Inter- versus
Intragruppenkontakt) sowie die Art der Perspektive auf Mitglieder einer
Fremdgruppe (objektiv versus empathisch) manipuliert. 37 weiße kanadische
Studierende wurden randomisiert einer der vier Bedingungen zugeteilt. Die
Art der Situation wurde manipuliert, indem den Teilnehmenden mitgeteilt
wurde, dass sie sich im Anschluss an einen Dokumentarfilm über eine Urein-
wohnerin Kanadas entweder mit einem Mitglied der Eigengruppe (weißer Ka-
nadier − Intragruppensituation) oder einem Mitglied der gezeigten Fremdgruppe (Ureinwohner Kanadas − Intergruppensituation) austauschen würden.
Die Art der Perspektive auf Mitglieder einer Fremdgruppe wurde manipuliert,
indem die Teilnehmenden entweder die Instruktion erhielten, den Film aus einer objektiven Perspektive (objektive Bedingung) zu betrachten, oder aber
sich in die gezeigte Person hineinzuversetzen (Empathie-Bedingung). Die Aktivierung von Masterstereotypen wurde anhand von 36 Wörtern erfasst, welche die Studierenden als zutreffend oder unzutreffend bewerten konnten. Gemäß der Hypothesen zeigte sich, dass unter der Bedingung "Empathie und
Intergruppenkontakt" stärkere Masterstereotype aktiviert wurden als in den
anderen drei Bedingungen (b = -16.84, β= -.25, $t(87)$ = 2.25, p < .05). Mittels
der *Modern Racism Scale* von McConahay, Hardee und Batts (1981) wurden
zu Beginn und zum Ende der Maßnahme die Vorurteile der Teilnehmenden erfasst. Es bestätigte sich ebenso, dass die Bedingungen "Empathie und
Intragruppenkontakt" sowie "Objektiv und Intergruppenkontakt" mit einer
stärkeren Reduzierung von Vorurteilen einhergingen (b = 0.17, β= .19, $t(84)$ =

2.11, $p < .05$). In der Bedingung "Objektiv und Intragruppenkontakt" wurde hingegen eine Verstärkung von Vorurteilen ermittelt. Unter der Bedingung "Empathie und Intergruppenkontakt" nahmen die Vorurteile minimal ab.

Der Wunsch, sich zukünftig mit einem Mitglied der Fremdgruppe auszu-tauschen, wurde anhand von sechs Fragen angelehnt an Coyne (1976) erfasst, wobei hier zwischen Studierenden mit hohen und niedrigen Vorurteilen unter-schieden wurde. Hier ergab sich ein signifikanter Effekt für Teilnehmende mit hohen Vorurteilen für die Bedingung "Empathie und Intergruppenkontakt" ($b = -.040$, $t(80) = 1.99$, $p < .05$). Das Bedürfnis, sich zukünftig auszutauschen, fiel unter dieser Bedingung deutlich geringer aus als bei Teilnehmenden mit geringen Vorurteilen.

4.1.4. Einfluss positiver und negativer Wahrnehmung kultureller Vielfalt

Hostager und De Meuse (2008) untersuchten die Auswirkungen eines Diversity Kurses an einer nordamerikanischen Universität ($N = 177$), der kul-turübergreifend positive und negative Seiten kultureller Vielfalt am Arbeits-platz behandelte. Sie stellten die Hypothese auf, dass die Studierenden am En-de des Trainings mehr positive aber auch negative Aspekte kultureller Vielfalt wahrnehmen werden als zu Beginn des Trainings. Es handelte sich hierbei um ein Prä-Posttest-Design mit zwei Messzeitpunkten. Das Training bediente sich didaktischer und erfahrungsorientierter Methoden und behandelte kulturüber-greifend positive und negative Aspekte von Diversität am Arbeitsplatz. Die Wahrnehmung positiver und negativer Aspekte wurde mittels des *Reaction-to-Diversity Inventory* (RTDI) von De Meuse und Hostager (2001) ermittelt. Die-ses Inventar besteht aus einer Auflistung von 35 positiven und 35 negativen Begriffen, die mit Diversität am Arbeitsplatz assoziiert werden. Zu Beginn und am Ende des Trainings sollten die Teilnehmenden beliebig viele positive und negative Begriffe auswählen, die sie mit Diversität am Arbeitsplatz ver-binden. Mittels Varianzanalyse konnte die Hypothese bestätigt werden, dass Studierende am Ende des Kurses mehr positive Begriffe als zu Beginn des Kurses aus dem RDTI auswählten (MZP1: $M = 9.53$, $SD = 6.48$; MZP2: $M = 14.32$, $SD = 9.01$, $F = 62.53$, $p < 0.01$). Wie vorhergesagt stieg auch die

Anzahl der negativen Begriffe (MZP1: $M = 4.06$, $SD = 4.98$; MZP2: $M = 4.50$, $SD = 6.77$), wobei dies nicht signifikant wurde ($F = 1.66$, $p = 0.20$).

Kaiser et al. (2013) untersuchten, ob angloamerikanische Arbeitnehmer mit hohem Status durch die Annahme, in von Diversität geprägten Organisationen zu arbeiten, zu einer Illusion von Fairness verleitet werden, die dazu führt, Diskriminierung nicht zu erkennen und mit verstärkter Feindseligkeit gegenüber unterrepräsentierten Gruppen einhergeht, da sie deren Anschuldigungen als ungerechtfertigt erachten. Die Teilnehmenden ($N = 150$) wurden randomisiert einer der beiden Bedingungen ("Strukturen von Diversität" und "keine Strukturen von Diversität") zugeteilt. Beiden Gruppen wurde zu Beginn ein Informationsfilm über eine amerikanische Investmentfirma gezeigt, der entweder die Information enthielt, dass sich die Firma für Strukturen von Diversität und Antidiskriminierung einsetzt oder aber keinerlei Informationen dazu bot. Anschließend lasen die Teilnehmenden einen Artikel aus der *New York Times*, in denen ein afroamerikanischer Mitarbeiter die im Film vorgestellte Investmentfirma anklagte, ihn zu diskriminieren, was sich darin zeigte, dass er weniger verdiente als seine Kollegen mit weißer Hautfarbe, weniger Trainings und einen schlechteren Arbeitsplatz erhielt. Danach wurde anhand von fünf Items gemessen, ob die Teilnehmenden die Behauptung des Klägers diskriminiert zu werden, als berechtigt einstuften. Zwei Items erfassten die Einstellung gegenüber dem Kläger. Zum einen sollten die Teilnehmenden angeben, ob sie den Kläger sympathisch fanden und gerne mit ihm zusammenarbeiten würden. Zum anderen sollten sie bestimmen, ob sie den Kläger als Unruhestifter empfanden. Alle Items wurden auf einer 7-stufigen Likertskala erfasst (1= trifft gar nicht zu, 7= trifft in hohem Maße zu).

In der Bedingung "Strukturen von Diversität" empfanden die Teilnehmenden die Anschuldigungen des Klägers weniger gerechtfertigt ($M = 4.35$, $SD = 1.18$) als in der Bedingung "keine Strukturen von Diversität" ($M = 4.79$, $SD = 1.09$; $F(1, 148) = 5.49$, $p < .05$, $d = .39$). Teilnehmende in der Bedingung "Strukturen von Diversität" zeigten weniger positive Einstellungen gegenüber dem Kläger ($M = 3.63$, $SD = 0.84$) als in der Bedingung "keine Strukturen von Diversität" ($M = 3.95$, $SD = 0.81$; $F(1, 148) = 5.51$, $p < .05$, $d = .39$). Des Weiteren tendierten die Teilnehmenden in der Bedingung "Strukturen von

Diversität" eher dazu, den Kläger als Unruhestifter zu empfinden ($M = 3.78$, $SD = 1.34$) als in der Bedingung "keine Strukturen von Diversität" ($M = 3.38$, $SD = 1.21$; $F(1, 148) = 3.63$, $p < .06$, $d = .31$).

4.1.5. Negative Aspekte in Abhängigkeit von der Eigengruppe

Drei Studien (Case, 2007; Kernahan & Davis, 2007; Kernahan & Davis, 2010) belegen, dass die Teilnahme an einem antirassistischen Training mit einem erhöhten Bewusstsein für Rassismus und Eigenprivilegierung sowie der Bereitschaft, sich gegen Rassismus einzusetzen, einhergehen. Es zeigte sich aber auch, dass die Teilnahme mit einer Zunahme negativer Gefühle wie Schuld und Angst oder generelles Unwohlsein verbunden war. In allen drei Studien wurde ein Prä-Posttest-Design verwendet und zu Beginn und am Ende des Kurses Messungen durchgeführt. Kernahan und Davis (2010) führten darüber hinaus ein Jahr später eine weitere Messung durch. Mittels der *Color Blind Racial Attitudes Scales* (Neville, Lilly, Duran, Lee, & Browne, 2000) wurde in allen Studien anhand von zehn Items auf einer 5-stufigen Likertskala (1= stimme gar nicht zu, 5= stimme voll und ganz zu) das Bewusstsein für Rassismus und Eigenprivilegierung aufgrund heller Hautfarbe gemessen. In den Studien von Case (2007) und Kernahan und Davis (2007) wurden darüber hinaus "White guilt feelings" (Schuldgefühle von Menschen heller Hautfarbe aufgrund von Eigenprivilegierung) mit Hilfe von fünf Items auf einer 5-stufigen Likertskala (1= stimme gar nicht zu, 5= stimme voll und ganz zu) von Swim und Miller (1999) ermittelt.

Case (2007) untersuchte in seiner Studie die Auswirkungen eines Diversitätstrainings ($N = 147$) an einer nordamerikanischen Universität auf die Teilnehmenden verschiedener ethnischer Herkunft. Der Kurs bediente sich didaktischer und erfahrungsorientierter sowie kulturspezifischer und kulturübergreifender Methoden. Neben der Wahrnehmung von Rassismus, Privilegierung von Menschen heller Hautfarbe sowie "White guilt feelings" wurde anhand von fünf Items (Spanierman & Heppner, 2004) auf einer 7-stufigen Likertskala (1= stimme gar nicht zu, 7= stimme voll und ganz zu) die Angst vor anderen Rassen gemessen. Vorurteile gegenüber Schwarzen (7 Items), Menschen aus Lateinamerika (7 Items), Arabern oder Personen aus dem mittleren Osten (6 Items) und Juden (6 Items) wurden mittels selbst entwickelter Items auf eine 7-stufigen Likertskala erfasst.

Es zeigte sich eine Zunahme in der Wahrnehmung von Privilegierung von Menschen heller Hautfarbe (MZP1: $M = 5.04$, $SD = 1.18$; MZP2: $M = 5.68$, $SD = 1.02$; $t = -8.24$, $p < .001$) und der Wahrnehmung von Rassismus (MZP1: $M = 4.70$, $SD = 0.85$; MZP2: $M = 5.05$, $SD = 0.96$; $t = -6.52$, $p < .001$). Ebenso verstärkten sich die Furcht vor anderen Rassen (MZP1: $M = 3.43$, $SD = 1.18$; MZP2: $M = 3.65$, $SD = 1.21$; $t = -2.99$, $p = .003$) und "White guilt feelings" (MZP1: $M = 3.64$, $SD = 1.57$; MZP2: $M = 3.94$, $SD = 1.48$; $t = -2.32$, $p = .02$). Die Vorurteile gegenüber o. g. Bevölkerungsgruppen blieben unverändert. Einzig gegenüber Menschen aus Lateinamerika kam es zu einem Anstieg von Vorurteilen (MZP1: $M = 2.31$, $SD = 1.06$; MZP2: $M = 2.46$, $SD = 1.12$; $t = -2.26$, $p = .03$). Des Weiteren konnte eine erhöhte Bereitschaft, sich gegen Rassismus einzusetzen, ermittelt werden (MZP1: $M = 4.96$, $SD = 1.01$; MZP2: $M = 5.18$, $SD = 0.97$; $t = -3.34$, $p = .001$).

Kernahan & Davis (2007) prüften in ihrer Studie mit einer Experimentalgruppe ($N = 24$) und einer Kontrollgruppe ($N = 15$) den Einfluss eines antirassistischen Trainings, welches sich didaktischer und kulturspezifischer Methoden bediente. Die Ergebnisse zeigen eine Zunahme von "White guilt feelings" ($F(1, 35) = 7.96$, $p < .05$), erhöhtes Bewusstsein für Rassismus ($F(1, 35) = 31.54$, $p < .01$) sowie eine größere Bereitschaft, sich gegen Rassismus einzusetzen ($F(1, 35) = 8.73$, $p < .05$).

Kernahan und Davis (2010) untersuchten die Auswirkungen eines antirassistischen Trainings auf nordamerikanische Studentinnen angloamerikanischer Herkunft. Im Vergleich zur Kontrollgruppe ($N = 20$) zeigten Teilnehmerinnen der Experimentalgruppe ($N = 27$) einen Anstieg im Bewusstsein für Rassismus (MZP1: $M = 3.92$, $SD = 1.18$; MZP2: $M = 5.29$, $SD = 1.22$; $t = -4.92$, $p < .001$) sowie ein verstärktes Verantwortungsgefühl für antirassistische Maßnahmen (MZP1: $M = 5.19$, $SD = 1.05$; MZP2: $M = 6.09$, $SD = 0.86$; $t = -4.65$, $p < .001$). "White guilt feelings" wurden in dieser Studie nicht erfasst, dafür aber Wohlbefinden mit Menschen anderer ethnischer Gruppen und Häufigkeit des Kontakts mit Personen anderer ethnischer Herkunft (3 Items, 6-stufige Likertskala). Das Wohlbefinden mit Menschen anderer ethnischer Gruppen und die Häufigkeit des Kontakts nahmen nicht zu (MZP1: $M = 5.32$, $SD =$ 1.46; MZP2: $M = 5.13$, $SD = 1.19$; $t = 0.82$, $p = .42$). Dies änderte sich jedoch zum dritten Messzeitpunkt (MZP3) ein Jahr nach der Intervention: Das Bewusstsein für Rassismus (MZP3: $M = 4.88$, $SD = 1.40$; $t = 2.42$, $p = .03$) und das Verantwortungsgefühl, sich für antirassistische Maßnahmen einzusetzen (MZP3: $M = 5.84$, $SD = 0.68$; $t = 2.03$, $p = .06$), sanken. Umgekehrt kam es zu einem Anstieg des Wohlbefindens mit Personen anderer ethnischer Gruppen und zu vermehrtem Kontakt mit diesen (MZP3: $M = 5.90$, $SD = 1.10$; $t = -4.71$, $p = .00$).

4.1.6. Einfluss des Geschlechts

Hood, Muller und Seitz (2001) verglichen die Unterschiede zwischen Männern und Frauen ($N = 150$) angloamerikanischer Herkunft nach der Teilnahme an einem 16-tägigen Diversity Training, welches sich mit Vorurteilen gegenüber anderen ethnischen Gruppen und Frauen auseinandersetzte und sich didaktischer und erfahrungsorientierter Methoden bediente. Es handelte sich um ein Prä-Posttest-Design. Messungen wurden zu Beginn und am Ende des Kurses vorgenommen. Vorurteile aufgrund ethnischer Zugehörigkeit und Geschlecht wurde mit dem *Quick Discrimination Index* (QDI) anhand von 25 Items auf einer 5-stufigen Likertskala (1= stimme gar nicht zu, 5= stimme voll und ganz zu) gemessen (Ponterrotto & Pedersen, 1993). Die Einstellung gegenüber Frauen wurde mittels der *Attitude Toward Women Scale* (Spence & Helmreich, 1978) mit Hilfe von 15 Items auf einer 5-stufigen Likertskala (1= stimme gar nicht zu, 5= stimme voll und ganz zu) erfasst. Die Untersuchung ergab, dass diskriminierende Ansichten bei angloamerikanischen Frauen reduziert wurden ($t = 2.38$, $p < .05$), während bei angloamerikanischen Männern die Akzeptanz gegenüber Frauen abnahm ($t = -1.73$, $p < .10$).

In der Studie von Vorauer und Sasaki (2009), welche bereits in Abschnitt 4.1.3.2. ausführlich behandelt wurde, zeigte sich, dass Männer mit hohen Vorurteilen weniger Empathie zeigten ($b = -0.21$, $\beta = -.29$, $t(87) = 2.95$, $p < .005$) als Frauen ($b = 0.21$, $\beta = .20$, $t(87) = 2.09$, $p < .05$). Des Weiteren stellte sich heraus, dass männliche Teilnehmer weniger interessiert daran waren, sich in

Zukunft mit Fremdgruppenmitgliedern auszutauschen als weibliche Teilnehmerinnen ($b = 0.23, \beta = .23, t(87) = 2.27, p < .01$).

Auch Hostager und De Meuse (2008) kontrollierten die unabhängige Variable Geschlecht (siehe 4.1.4.). Zu Beginn und am Ende der Maßnahme verbanden weibliche Teilnehmerinnen mehr positive Beschreibungen mit kultureller Vielfalt (MZP1: $M = 10.81$; MZP2: $M = 15.68$) als männliche Teilnehmer (MZP1: $M = 8.56$; MZP2: $M = 12.51$). Dieser Effekt stellte sich als signifikant heraus ($F = 7.28, p < 0.01$). Nicht signifikant hingegen erwiesen sich geschlechtsspezifische Unterschiede hinsichtlich negativer Beschreibungen von kultureller Vielfalt ($F = 2.41, p = 0.12$), obwohl weibliche Teilnehmerinnen weniger negative Wörter am Anfang und Ende der Maßnahmen mit kultureller Vielfalt verbanden (MZP1: $M = 3.29$; MZP2: $M = 4.65$) als männliche Teilnehmer (MZP1: $M = 4.08$; MZP2: $M = 5.04$).

Hennings et al. (2007) führten an 54 deutschen Schulen eine Studie durch, welche die Auswirkungen einer Intervention zur Reduktion von Vorurteilen gegenüber Übergewichtigen untersuchte und kontrollierten hierbei die Variable Geschlecht. Mittels eines 20-minütigen Films sollten den Teilnehmenden ($N = 602$) ein Verständnis und eine positivere Einstellung gegenüber Übergewichtigen vermittelt werden. Veränderungen wurden mittels eines Fragebogens erhoben, der vor der Darbietung des Films und nach dreimonatigem Follow-up vorgegeben wurde. Der Fragebogen enthielt 13 Items mit einer 5-stufigen Likertskala (1 = überhaupt nicht, 5 = ja, ganz genau).

Bei allen Teilnehmenden zeigte sich eine Zunahme von Verständnis und Problembewusstsein, was u. a. anhand des folgenden Items nachgewiesen wurde: "Übergewichtige werden von den Lehrern benachteiligt" (MZP1: $M = 1.71, SD = 0.94$; MZP2: $M = 1.98, SD = 1.06$; $F = 31.78$, p < .01, $\eta^2 = .061$). Es ergab sich aber auch eine Zunahme von Vorurteilen, was u. a. mit Hilfe des Items "Dicke Menschen sind dümmer als Schlanke" gemessen wurde (MZP1: $M = 1.47, SD = 0.88$; MZP2: $M = 1.65, SD = 0.97$; $F = 13.42$, p < .01, $\eta^2 = .027$). Für die Variable Geschlecht wurde die Wechselwirkung für das Item "Ich finde dicke Menschen hässlich" ($F = 4.77$; df1 = 1; df2 = 484; $p < .05, \eta^2 = .003$) und das Item "Ich kann dicke Menschen nicht leiden" ($F = 4.28$; df1=1; df2 = 484; $p < .05, \eta^2 = .004$) signifikant. Weibliche Teilnehmerinnen fanden dicke Menschen zum zweiten Messzeitpunkt weniger hässlich und verneinten, dicke Menschen nicht leiden zu können als zum ersten Messzeitpunkt. Bei den männlichen Teilnehmern wurde ein umgekehrter Effekt nachgewiesen.

4.2. Psychologische Prozesse in qualitativen Studien

Die nachfolgenden vier qualitativen Studien beleuchten, welche innerpsychischen Prozesse die Personen während eines Trainings durchlaufen. Teils bestätigen und ergänzen sie die quantitativen Ergebnisse.

Tomlinson-Clarke (2000) untersuchte anhand von 17 Studierenden verschiedener Nationalität die wahrgenommenen Effekte eines interkulturellen Trainings an einer nordamerikanischen Universität. Der Kurs erstreckte sich über 15 Wochen und bestand aus drei Teilen. Zum einen beinhaltete er Unterrichtseinheiten und schriftliches Kursmaterial, in denen Wissen über verschiedene Kulturen vermittelt wurde. Zum anderen bestand der Kurs aus Diskussionen über Kultur und ethnische Identität, welche das Ziel verfolgten, das Bewusstsein für die eigene kulturelle Identität und die anderer ethnischer Gruppen zu steigern. Um die kommunikativen Fähigkeiten der Studierenden in interkulturellen Situationen zu verbessern, wurden kritische Ereignisse ermittelt, die in interkulturellen Situationen auftreten können. Eine schriftliche Bewertung des Kurses erfolgte am Ende dessen. Die Studierenden gaben an, von dem Kurs profitiert zu haben, was sie vor allem auf die heterogene Zusammensetzung des Kurses zurückführten, der Raum für Diskussionen und Interaktionen mit Teilnehmenden anderer nationaler Herkunft gab. Das schriftliche Kursmaterial wurde sehr ambivalent beurteilt. Im Allgemeinen bewerteten die Studierenden das Material als hilfreich für den Aufbau von Wissen. Einige Teilnehmende gaben aber auch an, dass negative Stereotype über männliche afroamerikanische Männer durch das Material verstärkt wurden. Ein Teilnehmer fühlte sich durch das Kursmaterial, welches er als Anklage gegen Menschen heller Hautfarbe wahrnahm, in die Defensive gedrängt und gehemmt, seine Gefühle und Ängste auszusprechen. Bezüglich des Kursklimas gingen die Meinungen auseinander. Manchen fühlten sich sicher und geschützt. Andere brachten hingegen einen Mangel an Toleranz und Unterstützung zum Ausdruck, was diese Teilnehmenden daran hinderte, ihre wahren Gefühle und Ängste zum Ausdruck zu bringen.

Vier Monate nach der Maßnahme wurden semi-strukturierte Interviews durchgeführt, um die Langzeiteffekte des Trainings zu ermitteln. Die Studierenden gaben weiterhin an, von dem Kurs profitiert zu haben, da sich ihr Wissen erweitert habe und ihre Fähigkeiten im Umgang mit interkulturellen Situationen gestiegen seien. Darüber hinaus äußerten sie aber auch Gefühle von Unsicherheit, welche durch die verstärkte Selbstreflektion der eigenen Werte und Einstellungen in Bezug auf die eigene und andere Kulturen entstanden seien. Dies war mit dem Wunsch verbunden, an weiteren vertiefenden Maßnahmen teilzunehmen.

Chick, Karis und Kernahan (2009) untersuchten in ihrer Studie die affektive und kognitive Entwicklung von Studierenden angloamerikanischer Herkunft ($N = 91$), die an einem Training teilnahmen, dessen Ziel darin bestand, das Bewusstsein der Teilnehmenden über Rassismus und Diskriminierung zu steigern und sie zu befähigen, effektive Fertigkeiten im Umgang mit Menschen anderer ethnischer Herkunft aufzubauen. Es wurden didaktische und erfahrungsorientierte kulturübergreifende Methoden eingesetzt. Auf der Grundlage von Tagebüchern, in denen die Teilnehmenden während der Kursteilnahme ihre Gefühle und Gedanken aufzeichneten, erfolgte die qualitative Auswertung.

Es zeigte sich bei allen Studierenden eine Zunahme des Bewusstseins über modernen Rassismus. Die Integration des neu erworbenen Wissens und die Wahrnehmung von Eigenprivilegierung gingen allerdings auch mit affektiven und kognitiven Hindernissen einher.

Kognitive Hindernisse ergaben sich durch dualistisches Denken und Übersimplifizierung. Dualistisches Denken verleitete einige Teilnehmende dazu, ethnisch-kulturelle Unterschiede und Diskriminierungsproblematiken zu verleugnen oder aber diese als unabänderlich zu betrachten. Übersimplifizierung führte dazu, Rassismus als ein Problem der Vergangenheit und nicht der Gegenwart wahrzunehmen. Andere wiederum begriffen Rassismus nicht als gesellschaftliches und institutionelles Problem, sondern als Problem des Einzelnen. All dieses hatte zur Folge, dass die Teilnehmenden sich emotional distanzierten und das neue erworbene Wissen zunächst nicht integrierten konnten.

Negative Gefühle wie Schuld und Scham, die mit dem neu erworbenen Wissen einhergingen, stellten affektive Hindernisse dar. Personen, die erkannten, dass ein erhöhtes Bewusstsein für Rassismus auch bei anderen Teilnehmenden mit negativen Gefühlen einherging, konnten diese Gefühle zulassen, ihnen auf den Grund gehen und sie damit überwinden. Anderen Personen gelang es hingegen nicht, ihre negativen Gefühle zu regulieren, was zu einer Distanzierung von den Lehrinhalten und zu einem Abbruch des Lernprozesses führte. Nur Personen, die über meta-kognitive und meta-affektive Kompetenzen verfügten, waren in der Lage, ihre Gedanken und negativen Gefühle zu überwachen und zu regulieren. Dies mündete in einer komplexen Sichtweise der Unterschiede und Gemeinsamkeiten verschiedener ethnischer Gruppen, zu Empathie, Perspektivübername und dem Wunsch, sich zukünftig gegen Diskriminierung einzusetzen.

Brown (2004) prüfte in ihrer Studie, ob die Auswirkungen interkultureller Trainings von den eingesetzten Methoden abhängig sind. Hierzu wurden nordamerikanische Studierende angloamerikanischer Herkunft ($N = 100$) zwei verschiedenen interkulturellen Trainings zugeordnet, welche sich jeweils über zehn Wochen erstreckten. Beide Kurse bedienten sich sowohl didaktischer als auch erfahrungsorientierter kulturübergreifender Methoden. Qualitative Daten wurden mittels Tagebüchern und Selbstreflektionsberichten ermittelt.

In der einen Gruppe wurde in den ersten Unterrichtseinheiten Wert darauf gelegt, eventuelle Widerstände gegen die Kursinhalte abzubauen. Anstatt die Teilnehmenden mit Informationen über Rassismus oder Diskriminierung zu konfrontieren, die die Eigenprivilegierung hervorheben, wurden Methoden zur Selbstexploration eingesetzt. Die Studierenden wurden angehalten, die eigene kulturelle Historie und deren Einfluss auf das eigene Wertesystem, Denken und Handeln zu ermitteln. In Rollenspielen, Diskussionen und Simulationen wurden die Teilnehmenden aufgefordert, Stereotype zu identifizieren und diese zu vergleichen. Erst am Ende des Kurses wurde ihnen Text- und Filmmaterial präsentiert, welches sich mit Diskriminierung aufgrund der Ethnie, des Geschlechts oder der Religion befasste. In Kleingruppen wurden Strategien erarbeitet, wie Menschen sich ihrer Vorurteile bewusst werden können und wie diese zu bekämpfen seien. Die qualitative Auswertung ergab, dass die Kursteilnahme bei 87% zu einem erhöhten interkulturellen Bewusstsein führte und bei 95% der Wunsch bestand, ihr kulturelles Bewusstsein in Zukunft zu erweitern. Allerdings drückten auch 46% Besorgnis und Unmut bezüglich Kursformalitäten wie Zeit und Ort sowie einiger Aktivitäten aus.

In der anderen Gruppe wurde den Teilnehmenden zu Beginn des Kurses Film- und Textmaterial präsentiert, welches sich mit der Geschichte von benachteiligten Gruppen, der Sklaverei und dem Kampf um Menschenrechte auseinandersetzte. In der anschließenden Diskussion stellte sich heraus, dass die Studierenden darauf feindselig und ärgerlich reagierten und sich aufgrund ihrer hellen Hautfarbe angegriffen fühlten. Laut der Untersuchungsleitung kam es unmittelbar danach zu einer passiven und abwehrenden Haltung, welche im weiteren Verlauf des Kurses beibehalten wurde. Dies wiederum schlug sich in Fehlzeiten, aber auch in den Tagebüchern und Selbstberichten nieder, die nur sporadisch oder unvollständig geführt wurden und daher nicht das Erstellen akkurater Prozentzahlen erlaubten. Dennoch ließ sich aus dem vorhandenen Material entnehmen, dass die Informationen auf die Teilnehmenden identitätsbedrohend wirkten, sie den Inhalten passiv gegenüberstanden und nur oberflächliches interkulturelles Wissen zum Ausdruck brachten. Darüber hinaus zeigte sich bei einem Großteil der Studierenden, dass sich negative Einstellungen verstärkten und Diskriminierungsopfern die Schuld für deren Notlage gegeben wurde.

Doucet, Grayman-Simpson und Shapses Wertheim (2013) dokumentieren die Lernprozesse von 14 nordamerikanischen Studentinnen angloamerikanischer Herkunft, die an einem Kurs teilnahmen, welcher die Themen kulturelle Vielfalt und soziale Gerechtigkeit behandelte. Die Inhalte des Kurses bestanden zum einen aus kulturübergreifenden, didaktischen Unterrichtseinheiten, aber auch erfahrungsorientierten Methoden wie Diskussionen und dem regelmäßigen Engagement der Teilnehmerinnen in einer ihnen fremden kulturellen Community wie z. B. einer mormonischen Gemeinde. Mit wöchentlichen Tagebucheinträgen dokumentierten sie ihre Lernprozesse. Darüber hinaus flossen in die Analyse der Autoren Aufsätze ein, in denen die Teilnehmerinnen z. B.

darüber berichteten, wie es sich anfühlte, in der von ihnen gewählten fremden Community zur Minderheit zu gehören. Die Autoren analysierten das Material anhand der *Mezirowschen transformativen Lerntheorie* (1997), welche aus folgenden vier Lernphasen besteht: 1. Elaboration bestehender Referenzrahmen, 2. Erlernen neuer Bezugsrahmen, 3. Transformation von Einstellungen und 4. Transformation von Denkgewohnheiten. Phase 1 geht mit einer Zunahme an negativen Stereotypen, stärkerer Generalisierung bestehender negativer Stereotype und einer Stagnation in negativen Affekten als Folge von Kontakt mit einer Fremdgruppe einher. Phase 2 ist mit einer Zunahme interkulturellen Wissens und einer verstärkten Perspektivübernahme verbunden. Phase 3 ist durch eine Zunahme multidimensionaler und dynamischer Vorstellungen über andere gekennzeichnet. Phase 4 zeichnet sich durch metakognitive Erfolge aus, welche mit der Fähigkeit verbunden sind, das eigene Denken über Stereotype, Privilegien etc. zu reflektieren. Die Ergebnisse bestätigten das Modell der Autoren: Alle Teilnehmerinnen durchliefen Phase 1, in denen eine Zunahme negativer Stereotype zu verzeichnen war und sich Schwierigkeiten bei der Einordnung neuer Informationen in bestehende Denkmuster zeigten. Sechs Teilnehmerinnen berichteten, neue Bezugsrahmen erlernt zu haben (Phase 2), zwei Teilnehmerinnen zeigten Anzeichen von transformierten Einstellungen (Phase 3) und sechs Teilnehmerinnen ließen transformierte Denkgewohnheiten erkennen (Phase 4). In den Selbstberichten der Teilnehmerinnen konnte nachgewiesen werden, dass es den meisten schwerfiel, von Phase 1/2 zu Phase 3/4 zu gelangen, da dies mit Desorientierung, Angst vor Ablehnung und damit einhergehender Kontaktscheue verbunden war. Teilnehmerinnen, die sich ihrer negativen Affekte bewusst wurden und diese überwinden wollten, indem sie dennoch direkten Kontakt mit Mitgliedern der gewählten Gruppe aufnahmen, gelang es die transformativen Phasen zu erlangen. Sie zeigten mehr Empathie und Perspektivübernahme, indem sie sich mit ihren eigenen Stereotypen, Vorurteilen, Privilegien und Denkschemata auseinandersetzten. Die größten transformativen Veränderungen erfuhren die Teilnehmerinnen, die zwischen negativen und positiven Affekten schwankten und diese gleichzeitig zulassen und artikulieren konnten. Alle Teilnehmerinnen gaben am Ende des Kurses an, sich zukünftig an Maßnahmen gegen Diskriminierung beteiligen zu wollen.

Kernahan und Davis (2007) ergänzten ihre quantitativen Messungen von "White guilt feelings" um ein qualitatives Messinstrument (siehe 4.1.5). Hierbei handelte es sich um die Beschreibung einer offensichtlich rassistisch motivierten Diskriminierungssituation, zu der die Studierenden ihre Gedanken aufschreiben sollten. Zu Beginn des Semesters gaben 33,3% ($N = 24$) der Teilnehmer an, sich in der Diskriminierungssituation schuldig oder beschämt zu fühlen. Am Ende des Semesters waren es hingegen 45,8% ($N = 24$). Diese Ergebnisse untermauern die quantitativen Befunde einer Zunahme einer affektiven Betroffenheit in Form von "White guilt feelings" aufgrund eines Trainings.

5. Diskussion

Im folgenden Kapitel werden zunächst die Ergebnisse des systematischen Literaturreviews thematisch zusammengefasst, diskutiert und Empfehlungen für Anwendung und Forschung abgeleitet. Im Anschluss werden die Einschränkungen der Studien betrachtet und Implikationen für zukünftige Forschung aufgezeigt.

5.1. Wahrgenommener Essentialismus und kulturelle Intelligenz

Die Ergebnisse bezüglich einer Erhöhung des wahrgenommenen Essentialismus anstelle der Zunahme kultureller Intelligenz sind uneinheitlich. Bei Fischer (2011) stieg der wahrgenommene Essentialismus, die Subfacette kognitive kulturelle Intelligenz nahm ab, alle anderen drei Subfacetten zeigten keine Veränderungen. Bei Buchtel (2014) hingegen zeigten sich keine Veränderungen hinsichtlich des wahrgenommenen Essentialismus und nur die Subfacette metakognitive kulturelle Intelligenz stieg an. Bei den anderen drei Facetten konnten keine Veränderungen festgestellt werden. Während sich das interkulturelle Training von Fischer (2011) über einen Zeitraum von vier Wochen erstreckte und sowohl didaktische als auch erfahrungsorientierte Methoden einsetzte, erstreckte sich das Training von Buchtel (2014) über einen Zeitraum von zwölf Wochen und bediente sich ausschließlich didaktischer Methoden. Es stellt sich also die Frage, ob die Ergebnisse von der Trainingsdauer und/oder den eingesetzten Methoden abhängig waren. Entgegen der Annahme von (Fowler & Blohm, 2004), die dafür plädieren, dass Trainings sowohl didaktische als auch erfahrungsorientierte Methoden einsetzen sollten, zeigte sich hier, dass das didaktische Training, welches die Teilnehmenden weniger stark emotional involvierte, teilweise zu einer Steigerung des Bewusstseins über andere Kulturen führte, ohne die "Fremdheit" der anderen Kultur in den Vordergrund zu stellen. Fraglich bleibt aber, ob tatsächlich die eingesetzten Methoden ausschlaggebend waren oder aber die Dauer des Trainings. Obwohl sich beide Studien über einen relativ langen Zeitraum erstreckten, sind die Ergebnisse hinsichtlich der vier Subfacetten kultureller Intelligenz ernüchternd und legen nahe, die Trainings zu überarbeiten.

5.2. Verstärkung von Stereotypisierung

Die Befundlage zu unmittelbar erhöhter Stereotypisierung durch Trainings lässt sich nur teilweise bestätigen. Es zeigte sich aber, dass Trainings, in denen Personen aufgefordert wurden, Stereotype zu unterdrücken, kontraproduktiv wirkten. Die Unterdrückung von Stereotypen ging anfänglich mit verringerter Stereotypisierung einher. Am Ende eines Trainings wurde hingegen ein gegenteiliger Effekt ermittelt: Stereotype waren stärker ausgeprägt als zu Beginn eines Trainings. Dieser Effekt war besonders deutlich, wenn eine kognitive Überlastung vorlag.

Die Studien legen nahe, Trainings nicht primär auf den Abbau von Stereotypen auszurichten, da diese durchaus stabilisierende und komplexitätsreduzierende Funktionen haben, die den alltäglichen zwischenmenschlichen Umgang erleichtern können. Es bietet sich vielmehr an, den Teilnehmenden metakognitive Fertigkeiten zu vermitteln, die es ihnen ermöglichen, die eigenen Stereotype kritisch zu reflektieren. Des Weiteren wäre es wünschenswert, wenn Trainings die Unterschiede zu Soziotypen (akkuraten Stereotypen) herausstellen und damit verdeutlichen, dass viele bestehende Stereotype nicht durch die Forschung bestätigt werden.

5.3. Verstärkung von Vorurteilen in Abhängigkeit vom Trainingssetting

Im folgenden Abschnitt werden die Ergebnisse hinsichtlich der Verstärkung von Vorurteilen in Abhängigkeit vom Trainingssetting zusammengefasst, diskutiert und Anregungen für Anwendung und Forschung formuliert.

5.3.1. Einfluss extrinsischer und intrinsischer Motivation

Ob in Trainings Vorurteile verstärkt oder reduziert werden, hängt u. a. davon ab, ob die Motivation einer Person, Vorurteile zu reduzieren, extrinsisch oder intrinsisch beeinflusst wird. Studien haben gezeigt, dass Trainings, in denen die Teilnehmenden dazu aufgefordert wurden, ihre Vorurteile zu reduzieren (z. B. um sozialen Normen zu entsprechen oder sich politisch korrekt zu verhalten), keine oder aber gegenteilige Effekte erzeugten, da hierbei nur die extrinsische – von außen kontrollierte – Motivation der Person angesprochen wurde. Durch solche Maßnahmen können sich Personen in ihrer Freiheit eingeschränkt und kontrolliert fühlen, was zu einer Abwehrreaktion führen kann. Der Wunsch nach persönlicher Freiheit tritt in den Vordergrund, während der Wunsch, sich politisch korrekt oder gemäß sozialer Normen zu verhalten, in den Hintergrund gerät. Es kommt also zu einer Verstärkung von Vorurteilen.

Es ist daher anzunehmen, dass Interventionen, welche die Teilnehmenden ermutigen, sich damit auseinanderzusetzen, welchen Wert es für sie persönlich hat, sich vorurteilsfrei zu verhalten und welche Vorteile mit Diversität einhergehen, die intrinsische Motivation steigern. Da der Wunsch, sich vorurteilsfrei zu verhalten, dann von der Person selber käme, würde er stärker verinnerlicht und könnte zu einer Reduzierung von Vorurteilen führen. Die Befunde legen nahe, bestehende Trainings daraufhin zu prüfen, inwieweit sie kontraproduktive Techniken verwenden, die die extrinsische Motivation fördern, und diese durch Techniken ersetzen, die die intrinsische Motivation verstärken.

5.3.2. Einfluss von Empathie in Intergruppensituationen

Die Befundlage zu den Auswirkungen von Intergruppensituationen, in denen die Teilnehmenden dazu aufgefordert wurden, sich in Mitglieder der Fremdgruppe hineinzuversetzen, ist dürftig. Die vorliegende Studie hat allerdings gezeigt, dass das Erzeugen von Empathie in einer Intergruppenkontaktsituation nicht zu einer Reduzierung von Vorurteilen führte und bei Personen mit hohen Vorurteilen zu einem geringeren Wunsch zukünftigen Kontakts mit Mitgliedern der Fremdgruppe mündete. Die positiven Effekte, die üblicherweise mit Perspektivübernahme verbunden sind, wurden in Intergruppensituationen durch negative Masterstereotype überlagert.

Hilfreich wären zukünftige Forschungsarbeiten, die die Effekte von Perspektivübernahme in Intergruppenkontaktsituationen weiter systematisch untersuchen, um fundierte Gestaltungsempfehlungen für Trainings ableiten zu können.

5.4. Einfluss von positiver und negativer Wahrnehmung kultureller Vielfalt

Die bisherigen Forschungsergebnisse zeigen, dass die Teilnehmenden eines Trainings zu kultureller Vielfalt am Ende des Trainings mehr positive und negative Aspekte von kultureller Vielfalt wahrnahmen als zu Beginn des Trainings. Die Autoren gehen davon aus, dass die realistischere Wahrnehmung kultureller Vielfalt mit positiven Effekten einhergeht. Ob diese Effekte allerdings tatsächlich eintreten, wurde in dieser Studie nicht untersucht, da lediglich die Wahrnehmung der Studierenden ermittelt wurde, nicht jedoch die Folgen einer realistischeren Wahrnehmung von Diversität. Interessant wären zukünftige Forschungsarbeiten an Universitäten, Schulen und Unternehmen, in denen gezeigt wird, ob eine realistischere Wahrnehmung kultureller Vielfalt nach der Teilnahme an einem Training tatsächlich zu den intendierten positiven Auswirkungen wie besseres Gruppenklima oder besserer Umgang mit Konflikten führt.

Des Weiteren legen die Studien nahe, dass zu Beginn eines Trainings mittels einer Prä-Test-Messung ermittelt werden sollte, ob kulturelle Vielfalt eher positiv oder negativ wahrgenommen wird und was überwiegt. Im Anschluss daran wäre es wünschenswert, Trainings in ihrer Akzentuierung positiver bzw. negativer Aspekte entsprechend anzupassen, um eine ausgewogenere und realistischere Wahrnehmung sicher zu stellen. Sollte sich in der Prä-Test-Messung herausstellen, dass kulturelle Vielfalt vorwiegend negativ wahrgenommen wird, bietet es sich an, im Training die positiven Aspekte in den Vordergrund zu stellen. Ergeben die Prä-Test-Messungen hingegen, dass Diversität beschönigend wahrgenommen wird, wäre es ratsam, die negativen Aspekte kultureller Vielfalt in den Vordergrund zu stellen.

Letzteres bestätigte sich auch in der Studie von Kaiser et al. (2013). Diversity Trainings in Unternehmen aber auch interkulturelle Trainings an Schulen und Universitäten können bei Mitgliedern der Majorität eine Illusion von Fairness erzeugen, die auch dann aufrecht erhalten wird, wenn Mitglieder der Minorität trotz dieser Maßnahmen diskriminiert werden. Die Annahme, dass Fairness und Chancengleichheit vorliegen, können Mitglieder der Majorität dazu verleiten, den Status-Quo zu legitimieren. Sie nehmen Diskriminierung weniger wahr und zeigen verstärkte Feindseligkeit gegenüber unterrepräsentierten Gruppen, da sie deren Diskriminierungsvorwürfe als ungerechtfertigt betrachten. Es bietet sich daher an, Trainingsteilnehmende der Majorität aber auch der Minorität für o. g. Effekte zu sensibilisieren und durch langfristige Maßnahmen sicherzustellen, dass Fairness und Chancengleichheit tatsächlich umgesetzt werden und dies in regelmäßigen Abständen zu prüfen.

5.5. Negative Aspekte in Abhängigkeit von der Eigengruppe

Die bisherigen Forschungsergebnisse zeigen, dass bei Studierenden privilegierter ethnischer und sozialer Gruppen antirassistische Trainings mit einem erhöhten Bewusstsein für Rassismus und Eigenprivilegierung und dem Wunsch, sich gegen Rassismus einzusetzen, einhergingen, was wiederum von negativen Affekten wie Schuld, Scham, Angst vor Menschen anderer ethnischer Gruppen oder generellem Unwohlsein begleitet war. Es ergibt sich ein uneinheitliches Bild, inwiefern antirassistische Trainings zu einer lernförderlichen Explorationsperspektive oder einer lernhinderlichen Widerstandperspektive führen (Bowman, 2009). Eine Studie zeigte, dass die "Angst vor anderen Rassen" mit einem Anstieg an Vorurteilen einherging. Eine andere Studie ermittelte, dass Gefühle von Schuld unmittelbar nach dem Training zu einer Abnahme des allgemeinen Wohlbefindens und vermindertem Kontakt zu Menschen anderer ethnischer Gruppen führten. Diese negativen Auswirkungen kehrten sich jedoch ein Jahr nach dem Training um: die Teilnehmenden fühlten sich wohler im Umgang mit Mitgliedern anderer ethnischer Gruppen und suchten häufiger Kontakt zu diesen, als es vor dem Training der Fall war.

Aufgrund der Befundlage wäre es ratsam, wenn sich zukünftige Studien nicht darauf beschränken, erhöhtes Bewusstsein für Eigenprivilegierung und Rassismus sowie "White guilt feelings" zu messen, da dies noch keine Aussage darüber ermöglicht, ob dies mit positiven oder negativen Veränderungen einhergeht. Es bietet sich vielmehr an, auch andere Gefühle wie Angst vor anderen ethnischen Gruppen sowie Veränderungen im Ausmaß von Vorurteilen zu ermitteln. Interessant wäre es auch, zu untersuchen, welchen Einfluss hierbei die Identifikationshöhe mit der Eigengruppe hat. Antirassistische Trainings lösen einen kognitiven Prozess aus, der meist über die Trainingsdauer hinausgeht. Langzeitstudien könnten Auskunft darüber geben, ob sich ein erhöhtes Bewusstsein für Rassismus und Eigenprivilegierung langfristig lernförderlich oder lernhinderlich auswirkt.

Die Studien legen nahe, Trainings derart zu gestalten, dass sie nicht nur auf die Vermittlung von Wissen ausgerichtet sind, sondern auch affektiv in ein gesteigertes Wohlbefinden und Sicherheit im Umgang mit anderen ethnischen Gruppen münden. Dies wäre möglich, indem ein verständnisvolles Unterrichtsklima geschaffen wird, welches den Teilnehmenden ermöglicht, über ihre widersprüchlichen Gefühle und Ängste zu sprechen und sich anschließend in direktem und positivem Kontakt mit Mitgliedern anderer ethnischer Herkunft auszutauschen.

5.6. Einfluss des Geschlechts

Die Untersuchungen von Geschlechtereffekten deuten darauf hin, dass Frauen tendenziell weniger vorurteilsbehaftet sind und Trainings stärkere positive Auswirkungen haben, während bei Männern positive, aber z. T. auch negative Auswirkungen festgestellt werden. Dies lässt sich möglicherweise darauf zurückführen, dass Frauen teilweise auch heute noch aufgrund ihres Geschlechts diskriminiert werden, indem sie z. B. auf gleichen beruflichen Positionen schlechter bezahlt werden als ihre männliche Kollegen. Männer haben hingegen meist weniger Erfahrung mit Diskriminierung aufgrund ihres Geschlechts, so dass Trainings möglicherweise Gefühle von Angst vor Macht- und Statusverlust auslösen, welche mit Abwehrreaktionen einhergehen können. Da es sich bei den Teilnehmenden der Studien vorwiegend um angloamerikanische Studierende handelte, liegt es nahe, in zukünftigen Forschungsarbeiten zu ermitteln, ob diese Unterschiede zwischen Männern und Frauen auch auf andere Kulturkreise zutreffen.

Die Befunde legen nahe, dass Trainer vor allem zu Beginn eines Trainings die positivere Einstellung von Frauen nutzen sollten, um ein Klima von Toleranz und Offenheit zu schaffen. Darüber hinaus bietet es sich an, in Trainings Gefühle wie Angst vor Status- und Machtverlust anzusprechen und diese an der Realität zu prüfen.

5.7. Psychologische Prozesse in qualitativen Studien

Die Ergebnisse zeigen, dass quantitative Studien um qualitative Studien ergänzt werden sollten. Sie können Aufschluss darüber geben, welche innerphysischen Prozesse während eines Trainings auftreten. Es konnte ermittelt werden, dass ein erhöhtes Bewusstsein über Diskriminierung, Rassismus und Eigenprivilegierung immer auch mit affektiven und kognitiven Hindernissen einherging, welche es zu überwinden galt, um einen Trainingserfolg sicher zu stellen.

Es wäre daher anzuraten, die Teilnehmenden zu Beginn eines Trainings über diese Hindernisse aufzuklären. Regelmäßige Gruppendiskussionen, in denen die Teilnehmenden ihre Gedanken und Gefühle über die Kursinhalte austauschen, ermöglichen es dem Einzelnen, verschiedene Perspektiven einzunehmen, die eigenen Gefühle und Gedanken zu reflektieren und somit Hindernisse zu überwinden.

Die Studien legen weiterhin nahe, Methoden der Selbstexploration anstelle konfrontativer Methoden einzusetzen, da letztere mit Ablehnung der Kursinhalte und einer Verstärkung von Stereotypen einhergehen können.

Des Weiteren stellte sich heraus, dass bei nahezu allen Teilnehmenden der Wunsch nach weiterführenden Maßnahmen bestand, um Gefühle von Unsicherheit zu überwinden. Wünschenswert wären Trainings, die aus mehreren Maßnahmen bestehen und in gewissem zeitlichen Abstand erfolgen. Dies ermöglicht den Teilnehmenden, ihr neu erworbenes Wissen im alltäglichen Kontakt mit Menschen anderer ethnischer Herkunft anzuwenden, ihre Erfahrungen in weiteren Trainings zu reflektieren, um somit weitere Hindernisse aus dem Weg zu räumen und ein tieferes Verständnis für Menschen anderer Kulturen zu entwickeln.

5.8. Einschränkungen und Implikationen für zukünftige Forschung

Die Generalisierbarkeit der Ergebnisse bleibt aus verschiedenen Gründen fraglich. Es handelte sich zumeist um Studien an nordamerikanischen Universitäten mit kleinen Stichproben, die nicht repräsentativ für die Grundgesamtheit sind und sich aufgrund anderer historischer und sozialer Kontexte nicht ungeprüft auf andere Ländern und Kulturen übertragen lassen.

Da die Hälfte der Studien eine homogene Teilnehmerstruktur aufwies (vorwiegend angloamerikanische Studierende), ist die Vergleichbarkeit der Studienergebnisse mit ethnisch heterogenen Teilnehmerstrukturen eingeschränkt. Heterogene Teilnehmerstrukturen, die einen Intergruppenkontakt ermöglichen, können einerseits mit verschiedenen Vorteilen wie bspw. verstärkter Perspektivübernahme einhergehen. Andererseits besteht die Gefahr, dass direkter Intergruppenkontakt mit stärkeren negativen Affekten wie z. B. Schuld und Scham bei Mehrheitsmitgliedern und Wut und Angst bei Minderheitsmitgliedern einhergeht. Dies kann zu Abwehrmechanismen führen, die wiederum von unterschiedlichen negativen Auswirkungen für die verschiedenen Gruppen begleitet sein können. Genau umgekehrt stellt es sich im Falle homogener Strukturen dar. Es sollte daher weiter erforscht werden, wie sich die Teilnehmerstruktur auf die Teilnehmenden auswirkt und welche Methoden die jeweils geeignetsten sind.

Auf die Nachhaltigkeit der Maßnahmen lassen sich kaum Schlüsse ziehen, da abgesehen von zwei Studien vorwiegend Prä- und Posttestmessungen durchgeführt wurden, nicht jedoch Follow-up Messungen. Vor allem qualitative Studien zeigten, dass die Teilnehmenden einen Lernprozess durchliefen. Die Aufnahme neuen Wissens war zunächst mit kognitiven und affektiven Hindernissen verbunden, welche teilweise mit einer Verstärkung von Stereotypen und Vorurteilen verbunden war. Erst im Laufe eines Trainings wurden diese Hindernisse durch Selbstreflektion und die Anwendung des neuen Wissens in alltäglichen Situationen mit anderen ethnischen Gruppen überwunden und führten erst dann zu einer verstärkten Reduzierung von Stereotypen, Vorurteilen und Diskriminierung.

Die Trainingsdauer, welche in den genannten Studien zwischen einem Tag und einem halben Jahr variierte, ist hier von besonderer Bedeutung. Obige Ausführungen legen nahe, dass kurze Trainings eher mit negativen Auswirkungen einhergehen, da die Teilnehmenden nicht über die Phase der kognitiven und affektiven Hindernisse hinauskommen. Hierzu bedarf es weiterer, vor allem qualitativer Längsschnittstudien, welche die potentiellen Hindernisse der einzelnen Lernphasen ermitteln und diese im Zusammenhang mit der Trainingsdauer stellen.

Die Literaturrecherche hat weiterhin ergeben, dass sich die meisten Studien mit den Trainingsauswirkungen privilegierter Mehrheiten befassten. Wenig ist hingegen über die Trainingsauswirkungen auf benachteiligte Minderheiten bekannt. Es wäre interessant, zu ermitteln, inwiefern sich die generellen Auswirkungen, aber auch die affektiven und kognitiven Hindernisse unterscheiden und in welcher Form dies von den verwendeten Methoden, Lehrinhalten und der Teilnehmerstruktur abhängig ist. Trainings könnten anhand dieser Erkenntnisse angepasst werden. Es wäre denkbar, dass affektive und kognitive Hindernisse zu Beginn eines Trainings dadurch verringert werden könnten, dass sie für jede Gruppe in einem geschützteren Rahmen innerhalb der Eigengruppe stattfinden. Erst danach sollten die Gruppen zusammengeführt und gemeinsam im Lernprozess vorangeführt werden.

Die Vergleichbarkeit und Generalisierbarkeit wird darüber hinaus dadurch eingeschränkt, dass verschiedene Methoden und Messinstrumente eingesetzt wurden. Aufgrund der Ergebnisse der qualitativen Studien ist aber anzunehmen, dass die Kombination von erfahrungsorientierten und didaktischen Trainings am wenigsten mit negativen Auswirkungen einhergeht, da hier ein tieferer Lernprozess initiiert wird. Die reine Wissensvermittlung sollte um Diskussionen, Rollenspiele und Simulationen erweitert werden, welche zu einer stärkeren Selbstreflektion anregen und eventuelle Missverständnisse, die durch das Lehrmaterial entstanden sind, aufklären und aus dem Weg räumen können.

In vielen Studien wurden als abhängige Variablen meist nur die Erhöhung des Bewusstseins für andere Kulturen und Ethnien, Vorurteile und Bewusstsein für Eigenprivilegierung ermittelt. Keine Studie, in denen antirassistische Trainings durchgeführt wurden, mass das Ausmaß von Empowerment für Minoritäten, was u. a. Ziel dieser Trainings ist. Ferner wurden in vielen Studien moderierende und mediierende Variablen wie Motivation, Empathie, Geschlecht, Alter, Persönlichkeitseigenschaften, Freiwilligkeit der Teilnahme, aber auch soziale Herkunft außer Acht gelassen. Auch hier besteht weiterer Forschungsbedarf.

Vergleicht man die Studien, in welchen interkulturelle Trainings durchgeführt wurden, mit denen, die antirassistische Trainings untersucht haben, zeigen sich keine Unterschiede in den negativen Auswirkungen. Vielmehr lässt sich feststellen, dass beide Arten von Trainings mit negativen Affekten, verstärkter Stereotypisierung, verstärkten Vorurteilen oder einem verringerten Kontaktwunsch zu Mitgliedern anderer Ethnien oder Kulturen einhergehen können.

Darüber hinaus bleibt festzustellen, dass bei den Forschern Uneinigkeit darüber besteht, wie bestimmte Ergebnisse zu bewerten sind. Während von manchen Forschern der Nachweis von "White guilt feelings" oder einem erhöhten Bewusstsein für Rassismus und Eigenprivilegierung als Indiz für eine gelungene Trainingsmaßnahme galt, zeigten andere Studien, dass dies auch von Nachteilen im interkulturellen Kontakt begleitet sein kann. Umgekehrt zeigten manche Studien, dass z. B. die Zunahme von essentialistischem Denken, Stereotypisierung und Vorurteilen nicht per se mit negativen Auswirkungen einherging, sondern unter Umständen durchaus funktional war.

Abschließend sei darauf hingewiesen, dass die Aufgabe des Literaturreviews darin bestand, ausschließlich die negativen Auswirkungen von antirassistischen und interkulturellen Trainings zu beleuchten. Für eine umfassende Bewertung der Studien bedarf es weiterer Arbeiten, welche die positiven den negativen Auswirkungen gegenüber stellen.

6. Literaturverzeichnis

Ang, S., Van Dyne, L., Koh, C., Ng, K., Templer, K. J., Tay, C., & Chandrasekar, N. A. (2007). Cultural intelligence: Its measurement and effects on cultural judgment and decision making, cultural adaptation and task performance. *Management and Organization Review, 3* (3), 335–371. doi: 10.1111/j.1740-8784.2007.00082.x

Atia, I. (1997). Antirassistisch oder interkulturell? Sozialwissenschaftliche Handlungskonzepte im Kontext von Migration, Kultur und Rassismus. In P. Mecheril & T. Teo (Hrsg.), *Psychologie und Rassismus* (S. 261–285). Reinbek bei Hamburg: Rowohlts Enzyklopädie.

Beelmann, A., Heineman, K. S., & Saur, M. J. (2009). Interventionen zur Prävention von Vorurteilen und Diskriminierung. In A. Beelmann & K. J. Jonas (Hrsg.), *Diskriminierung und Toleranz. Psychologische Grundlagen und Anwendungsperspektive* (S. 435–461). Wiesbaden: Verlag für Sozialwissenschaften.

Bigler, R. S., & Wright, Y. F. (2014). Reading, Writing, Arithmetic, and Racism? Risks and Benefits to Teaching Children About Intergroup Biases. *Child Development Perspectives, 8* (1), 18–23. doi: 10.1111/cdep.12057

Bowman, N. A. (2009). College diversity courses and cognitive development among students from privileged and marginalized groups. *Journal of Diversity in Higher Education, 2* (3), 182–194. doi:10.1037/a0016639

Brehm, S. S., & Brehm, J. W. (1981). *Psychological reactance: A theory of freedom and control.* New York, NY: Academic Press.

*Brown, E. L. (2004). What Precipitates Change in Cultural Diversity Awareness during a Multicultural Course: The Message or the Method? *Journal of Teacher Education, 55* (4), 325–340. doi:10.1177/0022487104266746

*Buchtel, E. E. (2014). Cultural sensitivity or cultural stereotyping? Positive and negative effects of a cultural psychology class. *International Journal of Intercultural Relations, 39*, 42–52. doi:10.1016/j.ijintrel.2013.09.003

Burton, K. D., Lydon, J. E., D'Alessandro, D. U., & Koestner, R. (2006). The differential effects of intrinsic and identified motivation on well-being and performance: Prospective, experimental and implicit approaches to self-determination theory. *Journal of Personality and Social Psychology, 91*, 750–762. doi: 10.1037/0022-3514.91.4.750

Carrell, M. R., Mann, E. E., & Sigler, H. (2006). Defining workforce diversity programs and practices in organizations: A longitudinal study. *Labor Law Journal, 57* (1), 5–12.

*Case, K. A. (2007). Raising White Privilege Awareness and Reducing Racial Prejudice: Assessing Diversity Course Effectiveness. *Teaching of Psychology, 34* (4), 231–235. doi: 10.1080/00986280701700250

Chao, M. M., Chen, J., Roisman, G. I., & Hong, Y.-Y. (2007). Essentializing race: implications for bicultural individuals' cognition and physiological reactivity. *Psychological Science, 18* (4), 341–348. doi:10.1111/j.1467-9280.2007.01901.x

*Chick, N. L., Karis, T., & Kernahan, C. (2009). Learning from Their Own Learning: How Metacognitive and Meta-affective Reflections Enhance Learning in Race-Related Courses. *International Journal for the Scholarship of Teaching and Learning, 3* (1), 16.

Coyne, J. C. (1976). Depression and the response of others. *Journal of Abnormal Psychology, 85*, 186–193.

Deci, E. L., & Ryan, R. M. (1985). *Intrinsic motivation and self-determination in human behavior. Perspectives in social psychology.* New York, NY: Plenum Press.

Deci, E. L., & Ryan, R. M. (2002). *Handbook of self-determination research.* Rochester, NY: University of Rochester Press.

De Meuse, K. P., & Hostager, T. J. (2001). Developing an instrument for measuring attitudes toward and perceptions of workplace diversity: An initial report. *Human Resource Development Quarterly, 12* (1), 33–51.

Devine, P. G., Plant, E. A., Amodio, D. M., Harmon-Jones, E., & Vance, S. L. (2002). The regulation of explicit and implicit race bias: The role of motivations to respond without prejudice. *Journal Of Personality And Social Psychology, 82*(5), 835-848. doi:10.1037/0022-3514.82.5.835

Dorsch, F., & Wirtz, M. A. (2014). *Dorsch Lexikon der Psychologie.* Bern: Huber.

*Doucet, F., Grayman-Simpson, N., & Shapses Wertheim, S. (2013). Steps along the journey: Documenting undergraduate White women's transformative processes in a diversity course. *Journal of Diversity in Higher Education, 6* (4), 276–291. doi:10.1037/a0034334

Dovidio, J. F., Ten Vergert, M., Stewart, T. L., Gaertner, S. L., Johnson, J. D., Esses, V. M., & Pearson, A. R. (2004). Perspective and Prejudice: Antecedents and Mediating Mechanisms. *Personality and Social Psychology Bulletin, 30* (12), 1537–1549. doi:10.1177/0146167204271177

Dweck, C. S., Chiu, C.-y., & Hong, Y.-y. (1995). Implicit theories and their role in judgments and reactions: A world from two perspectives. *Psychological Inquiry, 6* (4), 267–285. doi:10.1207/s15327965pli0604_1

Emmerich, A., & Krell, G. (1997). Managing Diversity-Trainings. In G. Krell (Hrsg.), *Chancengleichheit durch Personalpolitik* (S. 329–346). Wiesbaden: Gabler Verlag.

*Fischer, R. (2011). Cross-cultural training effects on cultural essentialism beliefs and cultural intelligence. *International Journal of Intercultural Relations, 35* (6), 767–775. doi:10.1016/j.ijintrel.2011.08.005

Fowler, S. M., & Blohm, J. M. (2004). An analysis of methods for intercultural training. In D. Landis, J. M. Bennett, & M. J. Bennett (Eds.), *Handbook of intercultural training* (pp. 37–84). Thousand Oaks: Sage.

Gaither, S. E., Schultz, J. R., Pauker, K., Sommers, S. R., Maddox, K. B., & Ambady, N. (2014). Essentialist thinking predicts decrements in children's memory for racially ambiguous faces. *Developmental psychology, 50* (2), 482–488. doi:10.1037/a0033493

Greenwald, A. G., McGhee, D. E., & Schwartz, J. L. K. (1998). Measuring individual differences in implicit cognition: The Implicit Association Test. *Journal of Personality and Social Psychology, 74,* 1464–1480. doi: 10.1037/0022-3514.74.6.1464

Güttler, P. O. (2003). *Sozialpsychologie: Soziale Einstellungen, Vorurteile, Einstellungsänderungen.* München: R. Oldenburg Verlag München Wien.

*Hennings, A., Hilbert, A., Thomas, J., Siegfried, W., & Rief, W. (2007). Reduktion der Stigmatisierung Übergewichtiger bei Schülern: Auswirkungen eines Informationsfilms. *Psychotherapie, Psychosomatik, medizinische Psychologie, 57* (9–10), 359–363. doi:10.1055/s-2007-970930

Henry, P. J., & Sears, D. O. (2002). The Symbolic Racism 2000 Scale. *Political Psychology, 23* (2), 253–283. doi:10.1111/0162-895X.00281

*Hood, J. N., Muller, H. J., & Seitz, P. (2001). Attitudes of Hispanics and Anglos Surrounding a Workforce Diversity Intervention. *Hispanic Journal of Behavioral Sciences, 23* (4), 444–458. doi:10.1177/0739986301234006

* Hostager, T. J., & De Meuse, K. P. (2008). The Effects of a Diversity Learning Experience on Positive and Negative Diversity Perceptions. *Journal of Business and Psychology, 23* (3–4), 127–139. doi:10.1007/s10869-008-9085-x

*Kaiser, C. R., Major, B., Jurcevic, I., Dover, T. L., Brady, L. M., & Shapiro, J. R. (2013). Presumed fair: Ironic effects of organizational diversity structures. *Journal of Personality and Social Psychology, 104*, 504–519. doi: 10.1037/a0030838

*Kernahan, C., & Davis, T. (2007). Changing Perspective: How Learning About Racism Influences Student Awareness and Emotion. *Teaching of Psychology, 34* (1), 49–52. doi:10.1080/00986280709336651

*Kernahan, C., & Davis, T. (2010). What Are the Long-Term Effects of Learning About Racism? *Teaching of Psychology, 37* (1), 41–45. doi:10.1080/00986280903425748

*Kulik, C. T., Perry, E. L., & Bourhis, A. C. (2000). Ironic evaluation processes: effects of thought suppression on evaluations of older job applicants. *Journal of Organizational Behavior, 21*, 687–771.

Langthaler, H. (2003). Antirassistische Pädagogik in Österreich: Später Paradigmenwechsel. In: *TRANS. Internet-Zeitschrift für Kulturwissenschaften.* No. 15/2004. http://www.inst.at/trans/15Nr/08_1/langthaler15.htm [Zugriff: 29.04.2016].

Legault, L., Green-Demers, I., Grant, P., & Chung, J. (2007). On the self-regulation of implicit and explicit prejudice: A self-determination theory perspective. *Personality and Social Psychology Bulletin, 33* (5), 732–749. doi:10.1177/0146167206298564

*Legault, L., Gutsell, J. N., & Inzlicht, M. (2011). Ironic effects of antiprejudice messages: How motivational interventions can reduce (but also increase) prejudice. *Psychological Science, 22* (12), 1472–1477. doi:10.1177/0956797611427918

Liebscher, D., & Fritzsche, H. (2010). Grundlagen pädagogischer Praxis gegen Diskriminierung. In R. Pates, D. Schmidt, & S. Karawanskij (Hrsg.), *Antidiskriminierungspädagogik. Konzepte und Methoden für die Bildungsarbeit mit Jugendlichen* (S. 79–86). Wiesbaden: Verlag für Sozialwissenschaften.

*Macrae, C. N., Bodenhausen, G. V., Milne, A. B., & Jetten, J. (1994). Out of Mind but Back in Sight: Stereotypes on the Rebound. *Journal of Personality and Social Psychology, 67* (5), 808–817. doi: 10.4771/qre.2014.49

Mak, A. S., Barker, M., Logan, G., & Millman, L. (1999). Benefits of cultural diversity for international and local students: Contributions from an experiential social learning program (the EXCELL Program). In D. Davis & A. Olsen (Eds). *International education: The professional edge* (pp. 63–67). Sydney: IDP Education.

Mannix, E., & Neale, M. A. (2005). What differences make a difference? The promise and reality of diverse teams in organizations. *Psychological Science in the Public Interest, 6* (2), 31–35. doi: 10.1111/j.1529-1006.2005.00022.x

Markus, H. R. (2008). Pride, prejudice, and ambivalence: Toward a unified theory of race and ethnicity. *American Psychologist, 63,* 651–670. doi:10.1037/0003-066X.63.8.651

Matsumoto, D., Grissom, R. J., & Dinnel, D. L. (2001). Do between-culture differences really mean that people are different? A look at some measures of cultural effect size. *Journal of Cross-Cultural Psychology, 32* (4), 478–490. doi: 10.1177/0022022101032004007

McConahay, J. G., Hardee, B. B., & Batts, V. (1981). Has racism declined? It depends on who's asking and what is asked. *Journal of Conflict Resolution, 25,* 563–579.

McGregor, J. (1993). Effectiveness of role playing and antiracist teaching in reducing student prejudice. *Journal of Educational Research, 86,* 215–226. doi: 10.1080/00220671.1993.9941833

Mezirow, J. (1997). Transformative learning: Theory to practice. *New Directions for Adult and Continuing Education, 74,* 5–12. doi:10.1002/ace.7401

Neville, H. A., Lilly, R. L., Duran, G., Lee, R. M., & Browne, L. (2000). Construction and initial validation of the Color Blind Racial Attitudes Scale (CoBRAS). *Journal of Counseling Psychology, 47,* 59–70. doi: 10.1037/0022-0167.47.1.59

Ponterrotto, J. G., & Pedersen, P. B. (1993). *Preventing prejudice: A guide for counselors and educators.* Newbury Park, CA: Sage.

Rosenthal, H. S., & Crisp, R. J. (2006). Reducing stereotype threat by blurring intergroup boundaries. *Personality and Social Psychology Bulletin, 32* (4), 501–511. doi: 10.1177/0146167205281009

Sennett, R. (1998). *Der flexible Mensch. Die Kultur des neuen Kapitalismus.* Berlin: Berlin Verlag.

Shirts, R. G. (1977). *BAFA BAFA: A cross-culture simulation.* Del Mar, CA: Smille II.

Spanierman, L. B., & Heppner, M. J. (2004). Psychosocial Costs of Racism to Whites scale (PCRW): Construction and initial validation. *Journal of Counseling Psychology, 51*, 249–262. doi: 10.1037/0022-0167.51.2.249

Spence, J. T., & Helmreich, R. L. (1978). *Masculinity and femininity: Their psychological dimensions, correlates, and antecedents.* Austin: University of Texas.

Stephan, W. G., & Stephan, C. W. (1984). The role of ignorance in multicultural education. In N. Miller & M. B. Brewer (Eds.), *Groups in contact: The psychology of desegregation* (pp. 229–257). New York: Academic Press.

Strauss, J. P., & Connerley, M. L. (2003). Demographics personality, contact, and universal-diverse orientation: An exploratory examination. *Human Resource Management, 42* (2), 159–174. doi: 10.1002/hrm.10074

Swim, J. K., & Miller, D. L. (1999). White guilt: Its antecedents and consequences for attitudes toward affirmative action. *Personality and Social Psychology Bulletin, 25*, 500–514. doi: 10.1177/0146167299025004008

Tajfel, H. (1978). *Differentiation between social groups.* London: Academic Press.

Tajfel, H., & Turner, J. C. (1979). An integrative theory of intergroup conflict. In W. G. Austin & S. Worchel (Eds.), *The social psychology of intergroup relations* (pp. 33–48). Monterey, CA: Brooks/Cole.

Tajfel, H., & Turner, J. C. (1986). The social identity theory of intergroup behavior. In S. Worchel & W. G. Austin (Eds.), *Psychology of intergroup relations* (pp. 7–24). Chicago: Nelson-Hall.

Thompson, C. (2000). When the topic is race white male denial. *Diversity Factor, 8* (3), 13–16.

*Tomlinson-Clarke, S. (2000). Assessing outcomes in a multicultural training course: a qualitative study. *Counselling Psychology Quarterly, 13* (2), 221–231. doi: 10.1080/713658487

Vorauer, J. D., Main, K. J., & O'Connell, G. B. (1998). How do individuals expect to be viewed by members of lower status groups? Content and implications of meta-stereotypes. *Journal of Personality and Social Psychology, 75* (4), 917–937. doi:10.1037/0022-3514.75.4.917

*Vorauer, J. D., & Sasaki, S. J. (2009). Helpful only in the abstract? Ironic effects of empathy in intergroup interaction. *Psychological Science, 20* (2), 191–197. doi:10.1111/j.1467-9280.2009.02265.x

Wegner, D. M. (1994). Ironic processes of mental control. *Psychological Review, 101*, 34–52.

Wolsko, C., Park, B., Judd, C. M., & Wittenbrink, B. (2000). Framing interethnic ideology: Effects of multicultural and color-blind perspectives on judgments of groups and individuals. *Journal of Personality and Social Psychology, 78* (4), 635–654. doi:10.1037/0022-3514.78.4.635

Woltin, K.-A., & Jonas, J. (2009). Interkulturelle Kompetenz – Begriffe und Methoden und Trainingseffekte. In A. Beelmann & K. J. Jonas (Hrsg.), *Diskriminierung und Toleranz. Psychologische Grundlagen und Anwendungsperspektive* (S. 464–487). Wiesbaden: Verlag für Sozialwissenschaften.

7. Pressemitteilung

Antirassistische und interkulturelle Trainings auf dem Prüfstand

Interkulturelle und antirassistische Trainings gewinnen im Zeitalter heterogener Gesellschaften und vor dem Hintergrund aktuellen politischen Weltgeschehens wie bspw. der Flüchtlingskrise in Syrien zunehmend an Bedeutung. Ziel dieser Trainings ist es, Vorurteile, Stereotype und Diskriminierung abzubauen und somit ein friedliches, tolerantes und gerechtes Zusammenleben zu sichern. Soweit die Theorie! Die psychologische Forschung der letzten Jahre hat jedoch gezeigt, dass die gesteckten Ziele oftmals nicht oder nur teilweise erreicht werden. Trainings behandeln emotional aufgeladene Themen und gehen zu Beginn mit kognitiven und affektiven Hindernissen seitens der Teilnehmenden einher, die zunächst meist mit einer Verstärkung und Generalisierung negativer Stereotype und Gefühle verbunden sind. Häufig zeigt sich erst im weiteren Verlauf eines Trainings eine Zunahme des Bewusstseins über den Einfluss der eigenen Kultur auf das Denken und Handeln. Auch die Fähigkeit zur Perspektivübernahme entwickelt sich erst langsam. Die Psychologiestudentin Nicola Ambrosius meint: "Ein Bumerang-Effekt lässt sich nur verhindern, wenn anfängliche Hindernisse überwunden werden."

Dabei spielt die Trainingsdauer, aber auch der Einsatz unterschiedlicher Methoden, die an die jeweilige Lernphase aber auch die Bedürfnisse der Teilnehmer angepasst sind, eine entscheidende Rolle. Neben der Vermittlung von Wissen sollten Trainings Diskussionen und Rollenspiele enthalten, in denen die Teilnehmenden ihre positiven, aber auch negativen Emotionen artikulieren können, den Einfluss der eigenen Kultur auf Denken und Handeln reflektieren und im Austausch mit anderen zur Perspektivübernahme angeregt werden. Umdenken geschieht nicht von heute auf morgen, sondern ist ein langsamer Prozess, dessen Erfolg maßgeblich von der intrinsischen Motivation der Teilnehmenden abhängig ist.

In Lehre und Forschung besteht weitestgehend Einigkeit darüber, dass interkulturelle und antirassistische Trainings zu einem erhöhten Bewusstsein für andere Kulturen und Ethnien führen. Uneinigkeit besteht hingegen darüber, wie die Auswirkungen von Trainings zu bewerten sind. Ist der Nachweis von "White guilt feelings" oder aber die Zunahme kultureller Intelligenz tatsächlich ein Indiz für eine gelungene Trainingsmaßnahme? Welche langfristigen kognitiven, emotionalen und verhaltensbezogenen Auswirkungen gehen damit einher? Ambrosius resümiert, dass dies nur in Langzeitstudien ermittelt werden kann, die bisher jedoch rar sind.

Anhang

Tabelle 2
Übersicht der ins Review einbezogenen Studien

Autoren (Jahr)	Titel	Trainingsmethode: Stichprobe (N, Trainingsdauer)	Positive und negative Auswirkungen interkultureller und antirassistischer Trainings
Brown (2004)	What precipitates Change in Cultural Diversity Awareness during an multicultural course. The message or the method?	Interkulturelles Training: nordamerikanische Studierende angloamerikanischer Herkunft (N = 100, 10 Wochen)	qualitativ: affektive Abwehr (+) qualitativ: interkulturelles Bewusstsein (+) qualitativ: Bedürfnis nach zusätzlichen multikulturellen Lernerfahrungen (+) qualitativ: positive Verhaltensänderungen im Umgang mit anderen Ethnien und Kulturen (+)
Buchtel (2014)	Cultural sensitivity or cultural stereotyping? Positive and negative effects of a cultural psychology class	Interkulturelles Training: nordamerikanische Studierende verschiedener ethnischer Herkunft (N = 54, 12 Wochen)	Stereotypisierung (+) kulturelle Achtsamkeit (+) metakognitive kulturelle Intelligenz (+) motivationale, kognitive und verhaltensbezogene kulturelle Intelligenz (0) moralischer Relativismus (+) Essentialismus und wahrgenommene Entivität (0) Warmth Bias (0)

Autoren (Jahr)	Titel	Trainingsmethode: Stichprobe (N, Trainingsdauer)	Positive und negative Auswirkungen interkultureller und antirassistischer Trainings
Case (2007)	Raising White Privilege Awareness and Reducing racial Prejudice: Assessing diversity Course Effectiveness	Diversity Training: nordamerikanische Studierende verschiedener ethnischer Herkunft (N = 146, 15 Wochen)	Vorurteile gegenüber Menschen aus Lateinamerika (+) Vorurteile gegenüber Juden, Afroamerikanern, Arabern und Personen aus dem mittleren Osten (0) Furcht vor anderen ethnischen Gruppen (+) "White guilt feelings" (+) "White privilege Awareness" (+) Bewusstsein für Rassismus (+) Verantwortungsgefühl für antirassistische Maßnahmen (+)
Chick, Karis, & Kernahan (2009)	Learning from Their Own Learning: How Metacognitive and Meta-affective Reflections Enhance Learning in Race-Related Courses	Antirassistisches Training: nordamerikanische Studierende angloamerikanischer Herkunft (N = 91, 1 Semester)	qualitativ: dualistische Denkweise und Übersimplifizierung (+) qualitativ: Gefühle von Unwohlsein (Schuld, Verteidigung, Schock, Wut und Traurigkeit) (+) quantitativ: Bewusstsein für Rassismus (+) quantitativ: "White privilege awareness" (+)

Autoren (Jahr)	Titel	Trainingsmethode: Stichprobe (N, Trainingsdauer)	Positive und negative Auswirkungen interkultureller und antirassistischer Trainings
Doucet, Gryman-Simpson, & Shapses Wertheim (2013)	Steps Along the Journey: Documenting Undergraduate White Women's Transformative Processes in an Diversity Course	Diversity Training: nordamerikanische Studentinnen angloamerikanischer Herkunft (N = 14, 1 Semester)	qualitativ: Stereotypisierung (+) qualitativ: affektive Abwehr (+) qualitativ: interkulturelles Wissen (+) qualitativ: Fähigkeit zur Perspektivübernahme (+) qualitativ: metakognitive Kompetenzen (+) qualitativ: Wunsch, sich zukünftig gegen Rassismus einzusetzen (+)
Fischer (2011)	Cross-cultural training effects on cultural essentialism beliefs and cultural intelligence	Interkulturelles Training: neuseeländische Studierende verschiedener ethnischer Herkunft (N = 49, 4 Wochen)	Essentialismus (+) kognitive kulturelle Intelligenz (−) motivationale kulturelle Intelligenz (0) metakognitive kulturelle Intelligenz (0) verhaltensbezogene kulturelle Intelligenz (0) Aufgeschlossenheit (0)

Autoren (Jahr)	Titel	Trainingsmethode: Stichprobe (N, Trainingsdauer)	Positive und negative Auswirkungen interkultureller und antirassistischer Trainings
Hood, Muller, & Seitz (2001)	Attitudes of Hispanics and Anglos Surrounding a Workforce Diversity Intervention	Diversity Training: nordamerikanische Studierende verschiedener ethnischer Herkunft (N =150, 16 Tage)	Selbstwertschätzung (+) diskriminierende Ansichten bzgl. Ethnie oder Geschlecht bei angloamerikanischen Frauen (−) Toleranz gegenüber Frauen bei angloamerikanischen Männern (−)
Hostager & De Meuse (2008)	The Effects of a Diversity Learning Experience on Positive and Negative Diversity Perceptions	Diversity Training: nordamerikanische Studierende verschiedener ethnischer Herkunft (N =177, 1 Tag)	positive und negative Wahrnehmung von Diversität (+)
Kaiser, Major, Jurcevic, Dover, Brady, & Shapiro (2013)	Presumed fair: Ironic effects of organizational diversity structures	Experiment zur Wahrnehmung von Diversitätsstrukturen: nordamerikanische Arbeitnehmer angloamerikanischer Herkunft (N = 150, 1 Tag)	Illusion von Fairness (+) Sensitivität für Diskriminierung (−) Feinseligkeit gegenüber unterrepräsentierten Gruppen (+)

Autoren (Jahr)	Titel	Trainingsmethode: Stichprobe (N, Trainingsdauer)	Positive und negative Auswirkungen interkultureller und antirassistischer Trainings
Kernahan & Davis (2007)	Changing Perspective: How Learning About Racism Influences Student Awareness and Emotion	Antirassistisches Training: nordamerikanische Studierende angloamerikanischer Herkunft (N = 39, 1 Semester)	quantitativ: Bewusstsein für Rassismus (+) quantitativ: Bereitschaft sich gegen Rassismus einzusetzen (+) quantitativ: Verantwortungsgefühl für antirassistische Maßnahmen (+) qualitativ: "White guilt feelings" (+)
Kernahan & Davis (2010)	What are the Long-Term Effects of Learning About Racism?	Antirassistisches Training: nordamerikanische Studentinnen angloamerikanischer Herkunft (Trainingsende: N = 27, 1 Jahr später: N = 17, 1 Semester)	Am Ende des Training: Bewusstsein für Rassismus (+) Verantwortungsgefühl für antirassistische Maßnahmen (+) Wohlbefinden und Wunsch nach Kontakt mit Menschen anderer ethnischer Herkunft (0) 1 Jahr später: Bewusstsein für Rassismus (−) Verantwortungsgefühl für antirassistische Maßnahmen (−) Wohlbefinden und Wunsch nach Kontakt mit Menschen anderer ethnischer Herkunft (+)

Autoren (Jahr)	Titel	Trainingsmethode: Stichprobe (*N*, Trainingsdauer)	Positive und negative Auswirkungen interkultureller und antirassistischer Trainings
Kulik, Perry, & Bourhis (2000)	Ironic evaluation processes: Effects of thought suppression on evaluations of older job applicants	Diversity Training: nordamerikanische Studierende (keine Angabe zu ethnischer Herkunft) (*N* = 116, 1Tag)	Stereotypisierung unter hoher kognitiver Belastung (+) Positive Reaktionen auf das Training (+)
Legault, Gutsell, & Inzlicht (2011)	Ironic effects of anti-prejudice messages: How motivational interventions can reduce (but also increase) prejudice	Experiment zur Unterdrückung von Vorurteilen: nordamerikanische Studierende angloamerikanischer Herkunft (Experiment 1: *N* = 103, Experiment 2: *N* = 109)	Experiment 1: explizite Vorurteile unter der Bedingung "Unterdrückung von Vorurteilen" (+) Experiment 2: Implizite und explizite Vorurteile unter der Bedingung "Unterdrückung von Vorurteilen" (+)

Autoren (Jahr)	Titel	Trainingsmethode: Stichprobe (N, Trainingsdauer)	Positive und negative Auswirkungen interkultureller und antirassistischer Trainings
Tomlinson-Clarke (2000)	Assessing outcomes in a multicultural training course: a qualitative study	Multikulturelles Training: nordamerikanische Studierende verschiedener ethnischer Herkunft (N = 17, 14 Wochen)	qualitativ: defensive Gefühle (+) qualitativ: Stereotypisierung (+) qualitativ: Bedürfnis nach zusätzlichen multikulturellen Lernerfahrungen (+) qualitativ: Zuversicht in erworbene multikulturelle Kompetenzen (+) qualitativ: Aufbau von Wissen über andere Kulturen (+)
Vorauer & Sasaki (2009)	Helpful only in the Abstract? Ironic effects of Empathy in Intergroup interaction	Experiment zum Einfluss von Empathie in Intergruppensituationen: nordamerikanische Studierende angloamerikanischer Herkunft (N = 39)	Vorurteile unter der Bedingung "Objektiv/Intragruppenkontakt" (+) Vorurteile unter der Bedingung "Empathie/Intragruppenkontakt" (−) Vorurteile unter der Bedingung "Objektiv/Intergruppenkontakt" (−) Vorurteile unter der Bedingung "Empathie/Intergruppenkontakt" (0) Kontaktwunsch bei Teilnehmenden mit hohen Vorurteilen (−)

Anmerkung: (+) = Zunahme, (0) = keine signifikante Veränderung, (−) = Abnahme.